Christine Hagemann, Christoph Rösch, Anneliese Sammer

Herausgeberin: Christine Hagemann

Pädagogik/Psychologie

für die sozialpädagogische Erstausbildung – Arbeitsheft

1. Auflage

Bestellnummer 10311

Bildungsverlag EINS

Haben Sie Anregungen oder Kritikpunkte zu diesem Produkt?
Dann senden Sie eine E-Mail an 10311_001@bv-1.de
Autoren und Verlag freuen sich auf Ihre Rückmeldung.

www.bildungsverlag1.de

Bildungsverlag EINS GmbH
Hansestraße 115, 51149 Köln

ISBN 978-3-427-**10311**-0

Inhaltsverzeichnis

Vorwort

Liebe Lehrkräfte, liebe Schülerinnen[1] im Bereich der sozialpädagogischen Erstausbildung,
das vorliegende Arbeitsbuch wurde als Ergänzung zum Lehrbuch „Pädagogik/Psychologie“ (Bestellnr. 1031A, 3. Auflage) konzipiert. Es enthält acht Lernsituationen, mit deren Bearbeitung erworbene Kenntnisse angewendet, vertieft oder erweitert werden können.

Alle acht Kapitel sind nach dem gleichen Muster aufgebaut:

- Zu Beginn des Kapitels finden Sie eine praxisnahe Lernsituation. Sie enthält berufliche Aufgabenstellungen und fordert zum Handeln auf.
- Es folgt ein Fragen- bzw. Aufgabenteil, der in verschiedene Bereiche unterteilt ist:

  Eine **Einstiegsübung** dient dazu sich den Inhalten des Falles gedanklich zu nähern.

  Die folgend genannten – in jedem Kapitel wiederkehrenden – Abschnitte ermöglichen es, die Schritte des pädagogischen Handelns anhand der Lernsituation zu erproben. Fachlich notwendige Kenntnisse werden unter der Überschrift **Kontextbezogenen Reproduktion** wiederholt, vertieft oder neu erworben und gegebenenfalls auf die Lernsituation bezogen. Im Rahmen der **Analyse** wird der Handlungsbedarf für die konkrete Situation festgestellt und anschließend unter dem Punkt **Handlungskonzept** die Planung des erzieherischen Handelns vorgenommen. Abgerundet werden die Schritte des pädagogischen Handelns mit dem Punkt **Meinungsbildung/Stellungnahme**. Hier geht es darum, grundsätzliche Überlegungen zum Fall zu erörtern und einen eigenen Standpunkt zu vertreten.

  Jeder Fragen- und Aufgabenteil endet mit einem **Abschluss**. Hier geht es meist darum, die eigene Arbeit mit der Lernsituation zu beurteilen und Konsequenzen für das weitere Lernen zu entwickeln. In einigen Fällen ist aber auch eine vertiefte Auseinandersetzung mit inhaltlichen Fragen verlangt.
- Am Ende eines Kapitels steht der **Materialteil** mit Originaltexten zu den Themen der Lernsituation. Die Texte vertiefen und erweitern die Inhalte des Lehrbuchs und unterstützen die Bearbeitung der Lernsituationen.

Die Arbeit mit den Lernsituationen ist sowohl für den Einsatz im Unterricht als auch zum Selbststudium geeignet. Für die Lernsituation 1 wurde eine Musterlösung erstellt, die aufzeigt wie die Aufgaben bearbeitet werden könnten. Dabei sind die Antworten bewusst sehr ausführlich gehalten. Art und Umfang der Antworten Ihrer persönlichen Bearbeitung sollten Sie mit der zuständigen Lehrkraft absprechen. Zu allen weiteren Fällen gibt es keine Lösungsvorschläge.

Wir wünschen Schülerinnen und Lehrkräften viel Freude und Erfolg bei der Bearbeitung der Lernsituationen. Für Rückmeldungen, Hinweise und Kritik sind wir jederzeit dankbar.

Christine Hagemann

Oktober 2011

---

[1] *Wegen der besseren Lesbarkeit haben wir uns entschlossen, oft nur ein Geschlecht, meist das weibliche, zu benennen. Selbstverständlich ist auch das jeweils andere Geschlecht immer mit gemeint.*

1 Lernsituation Finn

Arbeitsfeld Krippe – Themen: Übergang/Entwicklung

Finn, ein Jahr und zwei Monate alt, besucht seit fünf Wochen die Kinderkrippe. Er lebt mit seinen beiden Eltern in einer Reihenhaussiedlung in direkter Nachbarschaft zur Einrichtung. Seine Eltern sind verheiratet. Der Vater arbeitet als Techniker in einer großen Firma im Ort, die Mutter ist seit der Geburt von Finn zu Hause und wird demnächst ihre Tätigkeit als Bankangestellte wieder aufnehmen. Sie beabsichtigt, in den nächsten Jahren halbtags zu arbeiten, damit sie Zeit für ihren Sohn hat.

Das Konzept der Einrichtung sieht eine stufenweise Eingewöhnungszeit mit der Bezugsperson vor. Die Eingewöhnung orientiert sich an dem „Münchner Modell" und dauert insgesamt ca. zwölf bis 15 Tage. In diesen drei Wochen hat Finn sich mithilfe seiner Mutter zunächst orientiert und erste Anstrengungen im Hinblick auf die Eingliederung unternommen. Seit zwei Wochen bleibt Finn nun für 3,5 Stunden am Vormittag alleine (ohne Bindungsperson) in der Krippe. Morgens wird er regelmäßig gegen neun Uhr von seiner Mutter gebracht. Wenn die Mama sich verabschiedet, weint er meistens noch. Die Kinderpflegerin nimmt ihn dann auf den Arm und geht mit ihm zum Fenster, um der Mama zu winken. Anschließend holen sie seinen Teddy aus der Tasche, den Finn dann noch eine Zeit lang an sich drückt. Während dieser Zeit spricht die Kinderpflegerin in ruhigem Ton mit Finn. Sie thematisiert, dass er traurig ist, weil die Mama geht. Sie erklärt, dass die Mama jetzt arbeiten muss und Finn, nachdem er gespielt hat, wieder abholt. Nach ca. fünf Minuten zeigt sie ihm die Bilder zur Tagesstruktur, die neben der Tür hängen und geht diese mit ihm durch. Sie bespricht mit ihm, was der Tag noch bringen wird, z. B.: „Jetzt kannst Du ein bisschen spielen, dann machen wir unseren Morgenkreis…" Finn lässt sich allmählich von der Kinderpflegerin trösten, sein Weinen lässt nach. Das ist der Zeitpunkt, an dem die Kinderpflegerin ihm einen Vorschlag macht, z. B. gemeinsam ein Bilderbuch anzuschauen oder in die Bauecke zu gehen und zu gucken, was dort los ist. Nach ca. 15 bis 20 Minuten hat Finn sich beruhigt und nimmt aktiv am Gruppenalltag teil.

Finn kann seit drei Wochen alleine laufen, wenn auch noch unsicher und tapsig. Die Koordination der Bewegungen gelingt ihm jedoch zunehmend besser. Er versteht und befolgt einfache Bitten und Anweisungen. Zwar spricht er noch keine erkennbaren Worte, hat aber verstanden, wie sprachliche Kommunikation abläuft. Wenn er etwas möchte, zeigt er darauf, schaut die Kinderpflegerin an und sagt „da-da".

Im Folgenden wird ein Ausschnitt eines Vormittags geschildert:

Finn zieht eine Kiste mit großen Holzperlen bzw. Holzwürfeln aus dem untersten Regalfach. Die Perlen und Würfel sind zum Auffädeln geeignet, daher befinden sich auch Schnüre in der Kiste. Finn interessiert sich jedoch nicht für den ursprünglichen Zweck. Er zieht die Schnüre heraus und wirft sie auf den Boden, dann steigt er mit einem Bein in die Kiste. Er hält sich am Regal fest und beginnt mit dem Bein in den Holzperlen zu „rühren". Dabei hält er immer wieder inne und schaut den Inhalt der Kiste an. Nach ca. drei bis vier Minuten steigt er wieder aus der Kiste und kniet sich auf den Boden. Nun nimmt er eine Handvoll Perlen und Würfel und legt sie in das leere, obere Regalfach, das er gerade noch erreichen kann. Die Würfel bleiben liegen, die Perlen rollen aus dem Regal und fallen zu Boden. Finn verfolgt die Perlen mit den Augen. Er wiederholt die Handlung mehrere Male. Immer wieder beobachtet er, wie die Perlen aus dem Regalfach rollen und zu Boden fallen. Die Kinderpflegerin kommentiert das Geschehen mit den Worten: „Die Perlen bleiben nicht liegen – die rollen immer wieder weg." Nach einigen Minuten nimmt Finn einen Würfel und wirft ihn in Richtung Bauecke. Die Kinderpflegerin reagiert und sagt: „Nein Finn, nicht werfen!" und schüttelt dabei den Kopf. Finn lässt die Hand sinken und stellt die Aktivität ein. Er steckt stattdessen den Würfel, den er in der Hand hat, in den Mund. Die Kinderpflegerin fordert ihn auf, den Holzwürfel aus der Bauecke zu holen. Finn folgt der Aufforderung. Er legt den Würfel in die Kiste und schaut sich um.

Schließlich geht er hinüber zum Maltisch, wo er für ungefähr drei bis vier Minuten Laura zuschaut, die mit Wachsmalkreiden malt. Auf einmal zerrt er an Lauras T-Shirt und greift zur Kreide. Sie erschrickt und zieht ihren Arm heftig weg, dabei fällt die Kreide zu Boden. Finn schaut Laura aufmerksam an. Die Kinderpflegerin hat die Szene beobachtet, kommt zum Maltisch, hebt die Kreide auf und sagt zu Finn: „Du möchtest auch malen. Sollen wir Laura einmal fragen, ob sie dir eine Kreide geben kann?" Finn schaut zu Laura. Die Kinderpflegerin fragt für ihn, ob Laura eine Kreide abgeben kann. Laura gibt ihm eine blaue Kreide. Finn nimmt die Kreide, schaut sie an, dreht sie in der Hand und legt sie wieder weg. Sein Interesse richtet sich nun auf die Rutsche, denn von dort kommt Kinderlachen. Er rennt zur Treppe und beginnt hochzusteigen. Die Kinderpflegerin unterstützt ihn, indem sie seine Hand hält und ihn so abstützt. Oben setzt sich Finn und rutscht. Er kann den Oberkörper dabei noch nicht aufrecht halten, sodass er in die Rückenlage kommt. Das Rutschen bereitet ihm sichtlich Freude, denn er lacht und quietscht dabei. Unten angekommen, klatscht er in die Hände und rennt wieder zur Treppe.

Nachdem er dreimal gerutscht ist, erklingt die Triangel, das Zeichen für den Morgenkreis. Finn kennt das Zeichen, denn er läuft sofort zum Korb mit den Teppichfliesen, holt sich eine und setzt sich in den Kreis. Während des Singspiels klatscht er mit und beobachtet die anderen Kinder. Nach fünf Minuten kann er die Aufmerksamkeit nicht mehr auf die Gruppenaktivität halten, er hat einen Duplostein entdeckt, den er sich holt und in den Mund steckt. Die Kinderpflegerin lässt ihn gewähren.

Nach dem Morgenkreis machen die Kinder gemeinsam Brotzeit, dann geht es in den Garten oder die Gruppe macht einen Spaziergang. Um ca. 12:30 Uhr, nach dem Mittagessen, holt die Mutter Finn wieder ab. Wenn Finn seine Mama sieht, lacht er und läuft auf sie zu. Die Mutter breitet die Arme weit aus und fängt ihren Sohn auf, nimmt ihn auf den Arm und gibt ihm einen Begrüßungskuss.

In den nächsten Wochen soll die Bring- und Abholzeit noch etwas verändert werden. Finn wird dann die Krippe von 08:30 bis 13:00 Uhr besuchen, damit er sich an den Rhythmus gewöhnt, denn diese Zeiten können von der Mutter gut mit ihrer Berufstätigkeit vereinbart werden.

1.1 Aufgaben und Fragen

Einstiegsaufgabe/Einstiegsübung

Ergänzen bzw. beantworten Sie die folgenden Sätze schriftlich:

Ich finde, dass der Besuch einer Kinderkrippe ____________________

Zum dargestellten Themengebiet ist mir bereits bekannt ____________________

Meine Ideen zu dieser beruflichen Handlungssituation sind ____________________

Folgende Fragen möchte ich gerne beantwortet haben ____________________

Die Einstiegsarbeit kann als Einzelarbeit (= schriftliches Blitzlicht) erfolgen oder in Kleingruppen (= stummes Schreibgespräch). Sind mehrere Personen beteiligt, so bekommt jeder auf einem Blatt einen anderen Satz. Nach einigen Minuten werden die Blätter getauscht und die Antworten der Mitschüler kommentiert oder ergänzt. Zunächst wird nur schriftlich kommuniziert. Erst wenn alle Blätter bearbeitet sind, findet eine Diskussion in der Kleingruppe statt.

Kontextbezogene Reproduktion

In der vorliegenden Situation sind zwei Schwerpunktthemen zu erkennen: Die Bewältigung von Übergängen und Entwicklungsaufgaben in den ersten Lebensjahren. Entsprechend beziehen sich die Aufgaben zur kontextgebundenen Reproduktion auf diese beiden Themenbereiche.

1. Die ersten Lebensjahre sind gekennzeichnet durch rasante Entwicklungsfortschritte. Geben Sie einen Überblick über die Entwicklung von 0 bis 3 Jahren.

   Lesen Sie Kapitel 10.1. Dort ist die Entwicklung von der Geburt bis zum Jugendalter für die Bereiche Motorik, Wahrnehmung, Denken, Sprache und Sozialverhalten genau beschrieben. Zur Beantwortung der Frage suchen Sie jeweils die Fortschritte für die Altersgruppe 0 bis 3 Jahre heraus. Die Antwort kann in Form einer Tabelle gestaltet werden, damit wird der verlangte Überblick gut umgesetzt.

2. Entwicklung wird von verschiedenen Faktoren beeinflusst. Erläutern Sie das Zusammenspiel der Faktoren anhand der motorischen Entwicklung. Beziehen Sie sich dabei auf die berufliche Handlungssituation.

   Im Kapitel 9.5 finden Sie eine Beschreibung der Faktoren und die Erläuterung des Zusammenwirkens am Beispiel der Sprache. Ihre Aufgabe ist es, diese Informationen auf den Entwicklungsbereich Motorik zu übertragen und den konkreten Bezug zur Handlungssituation herzustellen.

3. Finn erlebt gerade den Übergang von der Familie zur Kinderkrippe.

3.1 Definieren Sie den Begriff „Übergang" und erläutern Sie die Kennzeichen von Übergängen anhand des Übergangs von der Familie in die Kinderkrippe.

3.2 Übergänge haben eine große Bedeutung für die weitere Entwicklung von Kindern. Erläutern Sie diese Bedeutung.

3.3 Übergänge werden auf der Grundlage unterschiedlicher Theorien untersucht und theoretisch bearbeitet. Für den Übergang in die Krippe sind u. a. die Bindungstheorie und der Stressansatz von besonderer Bedeutung. Erläutern Sie grundlegende Aussagen dieser Theorien.

Neben der Definition des Begriffs „Übergangssituationen" gibt Ihnen Kapitel 10.3.1 Informationen über die Kennzeichen von Übergängen anhand des Beispiels Kindergarten – Grundschule. Die beschriebenen Merkmale müssen Sie nun auf die Situation von Finn bzw. den Übergang von der Familie in die Kinderkrippe übertragen. Weitere Hinweise dazu erhalten Sie im Abschnitt 5.7.1. Die Bedeutung von Übergängen wird im Lehrbuch im Abschnitt 10.3.2 thematisiert, das Thema „Bindung" wird im Abschnitt 10.1.5 bearbeitet. Zusätzlich finden Sie grundlegende Aussagen der Bindungstheorie sowie zum Stressansatz in den Materialien 1.

Analyse

Aus der geschilderten Situation ergeben sich berufliche Aufgaben für die Kinderpflegerin. Handlungsbedarf besteht für folgende Bereiche:

- Pädagogische Gestaltung und Begleitung des Übergangs von der Familie in die Kinderkrippe
- Unterstützung Finns bei den anstehenden Entwicklungsaufgaben

1. Gestaltung und Begleitung von Übergängen

1.1 Die Bindungstheorie und der Stressansatz geben Hinweise darauf, wie der Übergang von der Familie in die Krippe pädagogisch gestaltet und begleitet werden kann. Erläutern Sie die pädagogischen Konsequenzen aus den beiden theoretischen Ansätzen und klären Sie, inwieweit diese in der beschriebenen Kinderkrippe umgesetzt werden. Grundlage für die Beantwortung dieser Frage sind die beiden Theorien, die Sie bereits bei den Fragen zur kontextbezogenen Reproduktion beantwortet haben. Ihr Auftrag ist es zunächst, pädagogische Konsequenzen (z. B. Grundhaltungen des pädagogischen Personals, Eingewöhnungsmodell, Gestaltung der Bringsituation,

Umgang mit den Kindern, Gestaltung der Räumlichkeiten und Unterstützung der Kinder durch das Personal) für die Gestaltung von Übergängen aus den beiden Theorien zu ziehen. Anschließend überprüfen Sie, ob diese im vorliegenden Fall berücksichtigt sind.

1.2 Finn ist nicht mehr nur Familienkind, aber auch noch nicht richtiges Krippenkind. Er befindet sich mitten in der Übergangssituation. Beschreiben Sie, welche Aufgaben er schon bewältigt hat und bei welchen Aufgaben er noch Unterstützung durch das pädagogische Personal benötigt.

Zur Beantwortung dieser Aufgaben lesen Sie bitte die Materialien 2 durch. Hier finden Sie Kriterien dafür, ob ein Kind mit der Trennungssituation zurechtkommt und den Tag in der Krippe genießen kann. Suchen und beurteilen Sie die Kriterien, die Sie in der Handlungssituation erkennen können.

2. Förderung der Entwicklung
Aufgabe der pädagogischen Fachkräfte ist es, die Entwicklung von Kindern zu begleiten und zu fördern. Im ersten Teil (kontextbezogene Reproduktion) haben Sie bereits einen Überblick über die Entwicklung in verschiedenen Bereichen für die Altersspanne null bis drei Jahre gegeben. Beurteilen Sie auf dieser Grundlage die Entwicklung von Finn und beschreiben Sie die nächsten Entwicklungsschritte, die in den einzelnen Bereichen anstehen.

Handlungskonzept/Handlungsalternativen

Die Analyse ist Grundlage für die Planung des erzieherischen Handelns.

1. Entwickeln Sie auf der Grundlage Ihrer Analyse Ziele für Finn. Berücksichtigen Sie dabei alle drei Aspekte der Analyse.

2. Zeigen Sie Möglichkeiten der pädagogischen Einflussnahme auf, die geeignet erscheinen, Ihre Ziele im Krippenalltag umzusetzen.

Auf der Grundlage der Analyse wird nun das Handlungskonzept erstellt. Dazu zählen sowohl die Planung (Ziele und Methoden) erzieherischen Handelns als auch das Handeln selbst. Allgemeine Hinweise zu diesen Schritten finden Sie in den Abschnitten 2.2.2 und 2.2.3.

Mit der Zielsetzung befasst sich Kapitel 6. Ziele können auf verschiedenen Abstraktionsebenen formuliert werden, der Richt-, Grob- und Feinzielebene. Für einen konkreten Fall empfiehlt sich die Feinzielebene, denn hier werden die Ziele sehr konkret gefasst. Nur so lassen sich dann geeignete Methoden für die Umsetzung der Ziele finden. Derart konkrete Ziele sind hilfreich, aber nicht unumstritten. Lesen Sie dazu auch den Text/die Materialien 3 im Anschluss an dieses Kapitel.

Die Basis für die Einflussmöglichkeiten, die Lerntheorien, finden Sie im Abschnitt 7.2. Es kann hilfreich sein, sich mit diesen Ansätzen auseinanderzusetzen, bevor man konkrete Möglichkeiten auswählt. Diese sind in Kapitel 7.3 ausführlich dargestellt. Wählen Sie jeweils die Möglichkeiten aus, die geeignet sind, Ihre Ziele umzusetzen. Passen Sie die Möglichkeiten der Situation und dem Alter von Finn an.

Meinungsbildung/Stellungnahme

Der Ausbau der Tagesbetreuung von Kindern wird derzeit in Deutschland stark vorangetrieben. Bis 2013 soll für 35 % aller Kinder unter drei Jahren ein Krippenplatz oder ein Platz in einer Kindergartengruppe (erweiterte Altersmischung) zur Verfügung stehen. Fachleute mahnen an, dass nicht nur auf

Quantität (Anzahl der Krippenplätze), sondern vor allem auf die Qualität der pädagogischen Arbeit geachtet werden sollte. Beziehen Sie Stellung zu dieser Aussage aus fachlicher Sicht.

Zum Thema „Qualität in Krippen" lesen Sie bitte die Materialien 4 im Anschluss an das Kapitel. Hier erhalten Sie Informationen über wichtige Qualitätsmerkmale von Kinderkrippen.

Aufgaben und Übungen zur Reflexion bzw. Auswertung der Fallbearbeitung

Mit Skalen werden einzelne Aspekte der Fallarbeit in den Blick genommen. Bitte überlegen Sie genau, wo Sie Ihr Kreuz anbringen und begründen Sie Ihre Einschätzung. Haben mehrere Personen die Skalen bearbeitet, kann darüber diskutiert werden. Damit es nicht nur bei einer Einschätzung bleibt, halten Sie schriftlich fest, welche Konsequenzen Sie aus der Abschlussübung ziehen.

Meine Stimmung ist nach der Fallarbeit

sehr gut	1	2	3	4	5	auf einem Tiefpunkt

Die Inhalte der Reproduktionsfragen waren mir

gänzlich neu	1	2	3	4	5	gänzlich bekannt

Eine Stellungnahme abzugeben ist mir

sehr leicht	1	2	3	4	5	sehr schwer gefallen

Die Anleitung zur Bearbeitung der Fragen habe ich

gebraucht	1	2	3	4	5	nicht gebraucht

Geeignete Einflussmöglichkeiten zu finden war

kein Problem	1	2	3	4	5	ein großes Problem

Ich ziehe folgende Konsequenzen aus meiner Auswertung: ________________________

1.2 Musterlösung zur Lernsituation Finn

Kontextbezogene Reproduktion

1. Der Überblick bezieht sich auf die Bereiche Motorik, Sprache, Denken und soziale Entwicklung. Es werden nur Meilensteine, d. h. sehr wichtige Fortschritte für das Alter null bis drei Jahre aufgezeigt.

Motorik:

- Ein großer Teil der Bewegungen des Neugeborenen besteht aus Reflexen, z. B. Greifreflex oder Schreireflex. Darüber hinaus lassen sich aber von Anfang an auch unwillkürliche Bewegungen, wie z. B. das Strampeln, erkennen.
- Allmählich werden gezielte Bewegungen aufgebaut, im Alter von 6 bis 7 Monaten können Kinder sitzen, mit ca. 8 bis 9 Monaten ziehen sie sich beispielsweise an Möbeln alleine hoch und laufen wenig später daran entlang. Mit 15 Monaten können die meisten Kinder laufen. Auch die feinmotorischen Fähigkeiten werden im ersten Lebensjahr verfeinert. Der junge Säugling greift mit der ganzen Hand nach Gegenständen. Mit zunehmendem Alter gelingt es ihm, nur mit Daumen und Zeigefinger zu greifen (= Pinzettengriff), was er im Alter von ca. 12 Monaten beherrscht.

- Zwischen 15 Monaten und drei Jahren werden die Bewegungen des Kindes stabiler und flüssiger. Neue Bewegungsformen wie Treppensteigen, Hüpfen oder Balancieren kommen hinzu. Feinmotorische Verbesserungen erlauben es dem Kind, im lebenspraktischen Bereich (z. B. selbst anziehen) selbstständiger zu werden.

Sprache:

- Vorstufe 0 bis 6 Monate: Die Kinder bilden ab einem Alter von ca. zwei Monaten Lautmelodien aus „aaaaaa" oder „oooooo" sowie Gaumenlaute wie „ng".
- Stufe der Lallmonologe 6 Monate bis ein Jahr: Silbenketten werden aneinandergereiht, z. B. ba-ba-ba. Am Ende der Stufe verfügen die Kinder damit über die Bausteine der Muttersprache. Mit ca. 10 Monaten haben die Kinder einen passiven Wortschatz erworben, sie verstehen einzelne Worte wie „nein", „Flasche" oder den eigenen Namen.
- Stufe der Einwort-Sätze 1 Jahr bis 1;6: Durch Silbenverdoppelung entstehen erste Worte, z. B. „ma-ma" und durch Nachsprechen auch andere Begriffe. Das Wort steht für einen ganzen Satz. Für die Erwachsenen besteht hoher Interpretationsbedarf, sie können nur aus der Situation heraus erkennen, was das Kind meint, wenn es „Teddy" sagt.
- Zwei- und Mehrwortsätze 1,5 bis 2 Jahre: Der Übergang von Einwort-Sätzen zu Zweiwort-Sätzen ist fließend. Neben Hauptwörtern verwendet das Kind zunehmend Verben. Erste grammatische Merkmale sind erkennbar, das Verb steht am Satzende, es wird aber noch nicht gebeugt.

- Auf- und Ausbau der Grammatik 2 bis 3 Jahre: Das Kind erkennt Regeln und wendet diese an, z. B. beugt es Verben, um die Vergangenheit auszudrücken. Dabei kommt es anfangs noch häufig zu Fehlern, die aber durch das korrekte Vorbild der Erwachsenen rasch verbessert werden.

Denkentwicklung:

- Sensomotorische Phase 0 bis 2 Jahre: Denken entwickelt sich auf der Grundlage von Wahrnehmung und Bewegung. Durch Handlungen erkennen Kinder Zusammenhänge, lernen gezielt Effekte herzustellen (z. B. rasseln) und erweitern ihre Erfahrungen durch Experimentieren. Am Ende der Stufe sind Kinder in der Lage, die Handlungen geistig vorwegzunehmen. Sie wissen, was passiert, wenn sie einen Löffel fallen lassen, sie müssen es nicht mehr ausführen. Damit sind erste Denkschemata entstanden und die Voraussetzung für das Als-ob-Spiel gegeben. Kinder tun nun so, als ob sie mit dem Spielzeugtelefon wirklich telefonieren oder als ob die Bauklötze ein Zug wären.

- Phase des anschaulichen Denkens von 2 bis ca. 7 Jahre: Die Trennung von Denken und Handeln ermöglicht dem Kind mehr Flexibilität im Denken. Gleichzeitig ist das Denken sehr an die Anschauung gebunden und weist bestimmte Merkmale auf, wie z. B. den Egozentrismus. Das Kind macht sich zum Maßstab aller Dinge, es ist noch nicht in der Lage, die Perspektive zu wechseln. Deshalb erzählen kleine Kinder Geschichten so, dass oft Zusammenhänge fehlen.

Sozialentwicklung:

- Im ersten Lebensjahr entwickeln die Kinder eine Bindung an ihre Bezugsperson(en). Sie ist die Sicherheitsbasis, die sie benötigen, um die Welt zu entdecken und zu erforschen. Deutlich wird die Bindung an sogenannten Bindungsverhaltensweisen wie Fremdeln oder die Trennungsangst. Diese Verhaltensweisen zeigt das Kind, wenn es sich unsicher oder unwohl fühlt. Sie dienen dazu, die Bezugsperson in der Nähe zu halten, um erneut emotionale Stabilität zu erlangen.

- Ab ca. 18 Monaten kommen die Kinder in die sogenannte Autonomiephase, im Volksmund auch Trotzphase genannt. Kinder entdecken die eigene Person und dass sie etwas bewirken können. Sie möchten sich ausprobieren, z. B. selber Saft einschenken, eine Jacke nicht anziehen oder die Haustüre aufsperren. Dabei kommt es zwangsläufig zu Konflikten mit den Erwachsenen. Können Kinder ihre Ideen nicht umsetzen, kann es zu regelrechten Wutanfällen kommen, sie weinen, schreien oder stampfen mit den Füßen. Im Alter von 2,5 bis 3 Jahren nehmen die Wutanfälle wieder ab.

- Lange Zeit glaubte man, kleine Kinder hätten kein Interesse an sozialen Kontakten zu Gleichaltrigen. Heute weiß man, dass diese Auffassung nicht stimmt. Bereits sechs Monate alte Kinder lächeln sich zu oder fassen sich an. Das Spiel der kleinen Kinder ist zwar noch nicht auf einen Spielpartner bezogen, sie spielen eher nebeneinander, haben aber durchaus kurze Kontaktepisoden. Mit zunehmendem Alter beziehen sich Kinder dann im Spiel aufeinander.

2. Für die Entwicklung spielen drei unterschiedliche Faktoren eine Rolle: Die biologischen Grundlagen, Umwelteinflüsse und die persönliche Freiheit.

   Ei- und Samenzelle enthalten das gesamte biologische Erbe von Mutter und Vater. Bei der Befruchtung wird dieses Erbe an das Kind weitergegeben. Es bestimmt die Entwicklung teilweise direkt mit, z. B. bei der Festlegung des Geschlechts oder der Haarfarbe. Teilweise wirkt der Faktor aber nur indirekt, z. B. bei Verhaltensweisen, Fähigkeiten und Fertigkeiten. Hier werden die biologischen Faktoren erst durch entsprechende Umwelteinflüsse aktiviert. Biologische Grundlagen für die motorische Entwicklung sind z. B. die Ausbildung von Armen, Beinen, Fingern, aber auch Muskeln, Nervenbahnen und Sehnen.

   Umwelteinflüsse wirken von außen auf das Kind ein und bestimmen seine Entwicklung mit. Dazu zählen beispielsweise der Erziehungsstil der Eltern genauso wie die Wohngegend oder Medien. Wesentlich ist, dass die Einflüsse relativ dauerhaft bestehen, denn einmalige Ereignisse haben nur selten eine nachhaltige Wirkung. Für den Bereich der Motorik können hier z. B. Babyturnen oder Babyschwimmen, allgemeine Möglichkeiten, sich zu bewegen (auf einer Krabbeldecke usw.), Anregungen und Aufforderungen zur Bewegung angeführt werden.

   Eine Erkenntnis, die nicht neu ist, aber in den letzten Jahren mehr und mehr an Bedeutung gewinnt: Kinder gestalten ihre Entwicklung selbst aktiv mit. Im Bereich der Motorik lässt sich beobachten, dass Kinder sich bewegen wollen, etwas in den Händen halten und untersuchen, motiviert sind, auf einen Stuhl zu klettern usw.

   Alle drei Entwicklungsfaktoren wirken zusammen, sie bedingen sich gegenseitig. Kommt ein Kind gesund auf die Welt, so sind die Voraussetzungen für verschiedene Bewegungsformen wie Sitzen, Laufen etc. angelegt. Um beispielsweise laufen zu lernen, benötigt das Kind die entsprechenden Vorbilder in seiner Umgebung, nur so entsteht die Motivation aufrecht zu gehen. Aber auch Anregung und Förderung z. B. durch den Wechsel von Positionen, die Möglichkeit, auf einer Krabbeldecke oder im Rahmen von Kursen (Babyturnen) selbst aktiv zu werden sind notwendig, um die Muskulatur zu trainieren und zu kräftigen. Dabei handelt es sich um Umwelteinflüsse, die es dem Kind ermöglichen, erlernte Bewegungen zu stabilisieren und neue Bewegungsformen auszuprobieren, z. B. sich ohne Hilfe zu bewegen. Mit den Bewegungsmöglichkeiten steigt zugleich seine Motivation aktiv zu werden, d. h. der Bereich der persönlichen Freiheit ist betroffen. Das Kind möchte zu einem Spielzeug krabbeln, um es in die Hand zu nehmen und zu untersuchen.

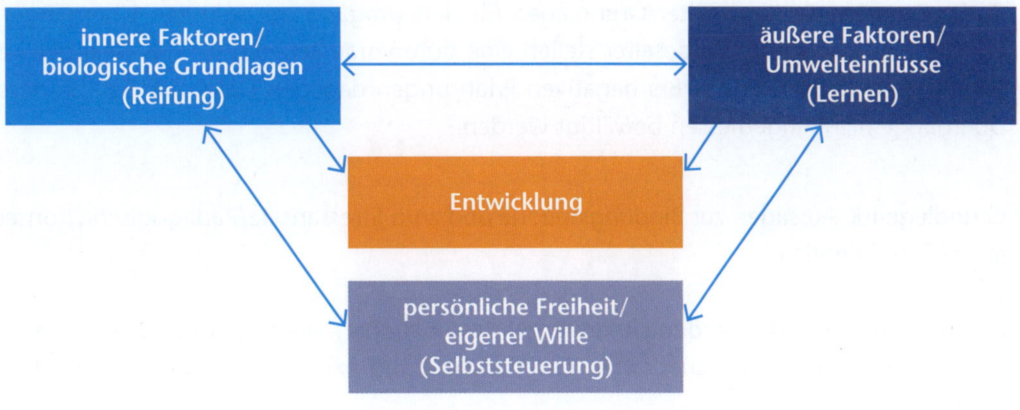

   Schließlich wirken Aktivität und Übung erneut auf die Stabilisierung der Muskulatur und die motorischen Fähigkeiten, denn Bewegungen werden zunehmend flüssiger und sind besser koordiniert.

3.1 Definition des Begriffs „Übergang"/Kennzeichen von Übergängen

Übergangssituationen sind zeitlich begrenzte Lebensabschnitte, die eine Reihe von Veränderungen und Entwicklungsaufgaben mit sich bringen, die in kurzer Zeit zu bewältigen sind. Sie stellen damit hohe Anforderungen an die Betroffenen und ihr Umfeld und sind mit starken Emotionen verbunden. Man spricht in diesem Zusammenhang auch von „verdichteten Entwicklungsanforderungen".

Übergangssituationen sind gekennzeichnet durch bestimmte Merkmale. Diese Merkmale sind im Folgenden auf den Übergang von der Familie in die Krippe bezogen und werden anhand einiger Beispiele aufgezeigt:

- Veränderung des Selbstbildes, der Identität und des Status
  Das Kind ist nicht mehr nur Familienkind, sondern auch Krippenkind; die Erwachsenen erwarten, dass es mit der Situation nach einer Eingewöhnungszeit fertig wird.

- Veränderung von Rollen
  In der Gruppe hat das Kind jetzt z. B. die Rolle des Gruppenmitglieds und Spielpartners unter Gleichaltrigen, es muss Spielzeug, Materialien und Plätze teilen, sich in die Gruppe integrieren.

- Erwerb neuer Kompetenzen
  Das Kind muss selbstständiger werden und mit neuen Abläufen und Strukturen zurechtkommen, es muss sich in der neuen Umgebung orientieren, es muss in zunächst fremder Umgebung essen und schlafen.

- Veränderung, Ausweitung und Reorganisation von Beziehungen
  Das Kind muss lernen, sich gegenüber anderen Kindern zu behaupten; es lernt, die Trennung von seinen Bezugspersonen für mehrere Stunden auszuhalten und neue Bezugspersonen zu akzeptieren.

3.2 Die Bedeutung von Übergängen

In der psychologischen Forschung wird den Übergängen große Bedeutung beigemessen, denn sie beinhalten Chancen und Risiken für die weitere Entwicklung. Untersuchungen zeigen: Wird ein Übergang gemeistert, so gehen positive Entwicklungsimpulse von der Situation aus, gelingt der Übergang nicht, kommt es zu Problemen.

Zudem werden im Kindesalter Grundlagen für den Umgang mit späteren Übergängen gelegt. Positive Erfahrungen im Kindesalter stellen eine gute Voraussetzung für das Gelingen von nachfolgenden Übergängen dar. Bei negativen Erfahrungen dagegen steigt die Gefahr, dass weitere Übergänge nicht angemessen bewältigt werden.

3.3 Grundlegende Aussagen zur Bindungstheorie und zum Stressansatz/Pädagogische Konsequenzen aus beiden Theorien

Zentrale Annahme der Bindungstheorie ist, dass zwischen einem Kind und der ihm vertrauten erwachsenen Person ein dauerhaftes, emotionales Band existiert, das überlebenswichtig für das Kind ist.

Bindungen entwickeln sich im Laufe des ersten Lebensjahres. Bei der Geburt ist ein Kind mit bestimmten Merkmalen und Fähigkeiten ausgestattet, die gewährleisten, dass sich Erwachsene ihm zuwenden, es versorgen und mit ihm kommunizieren. Zu dieser „Grundausstattung" zählen das Aussehen (Kindchenschema) und die Bindungsverhaltensweisen (z. B. Weinen, Anklammern, Nachfolgen). Die Bindungsverhaltensweisen werden nur in belastenden Situationen (z. B. Angst, Frustration, Schmerz) gezeigt, sie haben den Zweck, die Bindungsperson in der Nähe zu halten, um so erneut Sicherheit zu gewinnen. Dem Bindungsverhalten steht das Pflegeverhalten der Eltern gegenüber, das ebenso genetisch bedingt ist. Eltern erkennen in der Regel die Bedürfnisse ihrer Kinder, interpretieren ihr Verhalten und reagieren meist „automatisch" richtig. Beispielsweise verändern sie ihre Stimmlage, wenn sie ihr Kind beruhigen wollen.

Die Qualität von Bindungen ist unterschiedlich. Man unterscheidet sichere und unsichere Bindungen. Letztere werden weiter differenziert in unsicher-vermeidende, unsicher-ambivalente und unsicher-desorganisierte Bindungen. Kinder mit sicherer Bindung entwickeln ein Vertrauen in sich und die Welt. Sie erkunden ihre Umgebung, trauen sich, ihre Emotionen zu zeigen und verfügen über eine hohe Frustrationstoleranz. Das Verhalten von Kindern mit unsicherer Bindung dagegen ist geprägt von Unsicherheit, Irritation und Vermeidung.

Entscheidend für die Entstehung einer sicheren Bindung ist das Verhalten der Bindungsperson. Reagiert sie zuverlässig feinfühlig auf die Signale des Säuglings, so verdichten sich die Erfahrungen des Kindes am Ende des ersten Lebensjahres zu einer inneren Vorstellung. Das Kind erwartet weiterhin positive Erfahrungen, es entwickelt Vertrauen.

Übergänge lösen meistens Stress aus, denn sie stellen hohe Anforderungen an die Beteiligten. Der Stressansatz befasst sich mit unterschiedlichen Formen von Stress, Reaktionen auf die Belastungen und deren subjektive Bewertung. Bei der Bewältigung von Veränderungen ist von entscheidender Bedeutung:

- welches Ausmaß die Veränderungen haben
- ob sie dauerhaft sind
- ob die Veränderungen erwünscht sind

- ob die Betroffenen das Gefühl haben, die Veränderungen kontrollieren zu können
- über welche Ressourcen (persönliche oder im Umfeld) die Betroffenen verfügen

Sind Veränderungen größeren Ausmaßes und von längerer Dauer, dann ist es hilfreich für die Bewältigung der Situation, wenn sie erwünscht ist, wenn der Betroffene das Gefühl hat, sie zumindest teilweise kontrollieren zu können und wenn genügend Ressourcen zur Verfügung stehen.

Analyse

1. Pädagogische Konsequenzen aus Bindungstheorie und Stressansatz/Bezug zur Handlungssituation

   Aus der **Bindungstheorie** lassen sich folgende pädagogische Konsequenzen für den Übergang von der Familie in die Krippe ziehen:

   - Eine Eingewöhnungsphase zusammen mit der Bindungsperson ist wichtig für das Kind. Im Beisein der Bindungsperson kann es die neue Situation kennenlernen und sich damit vertraut machen. Die Bindungsperson bietet dafür die notwendige Sicherheitsbasis. Gleichzeitig lernt es im Rahmen der Eingewöhnung die pädagogische Fachkraft als Person kennen und erfährt, dass auch sie Sicherheit, Trost und Unterstützung bieten kann. Die pädagogische Fachkraft übernimmt nicht die Mutterrolle, kann aber bestimmte wichtige Bedürfnisse während des Krippenaufenthalts erfüllen. Sie wird zur Bindungsbeziehungsperson.
   - Pädagogisches Fachpersonal sollte guten Kontakt zu den Bindungspersonen von Krippenkindern aufbauen. Es ist notwendig, dass beide oft und ausführlich Informationen (z. B. Vorlieben, Gewohnheiten, besondere Ereignisse) austauschen, um so dem Kind möglichst angemessene Kontakt- und Bildungsangebote machen zu können.
   - Krippenpersonal sollte besonders in den Bereichen Feinfühligkeit qualifiziert sein, z. B. Kontaktaufnahme als Angebot.

   Aus dem **Stressansatz** lassen sich folgende pädagogische Konsequenzen ziehen:

   - Übergänge sollten allmählich stattfinden, eine Eingewöhnungszeit trägt dazu bei.
   - Die Bindungsperson stellt für das Kind eine Ressource dar. Sie hilft, die erste Übergangszeit zu gestalten und erste Anpassungsleistungen mit Unterstützung zu leisten. Sie sollte so lange zur Verfügung stehen, wie das Kind sie benötigt (z. B. bis die Kinderpflegerin als Person, die Trost spendet, akzeptiert ist).
   - Kinder im Krippenalter orientieren sich an Haltungen, Gefühlen und Meinungen der Bindungspersonen. Befürworten Eltern den Krippenbesuch, so ist die Situation auch für das Kind eher positiv besetzt. Lehnen Eltern den Besuch der Krippe eigentlich ab, so spürt das Kind die Unsicherheit und Ablehnung. Es entwickelt wahrscheinlich Probleme, sich auf den Krippenbesuch einzulassen. Eltern sollten sich mit ihrer eigenen Haltung auseinandersetzen und sich die positiven Aspekte des Krippenbesuchs bewusst machen. Das pädagogische Personal kann sie dabei unterstützen.
   - Krippenkinder brauchen das Gefühl, über die neue Situation Kontrolle zu haben. Da sie sich sprachlich noch nicht oder nur eingeschränkt mitteilen können, ist es wichtig, auf die nonverbalen Signale der Kinder zu achten und feinfühlig darauf zu reagieren. Hier helfen auch Strukturen wie Rituale bei der Begrüßung, feste Tagesabläufe oder sogenannte „Übergangsobjekte“, wie z. B. der Teddy oder ein Kopfkissen, die von zu Hause mitgebracht werden.

Überprüft man die pädagogischen Konsequenzen bei der vorgegebenen Handlungssituation, so ergibt sich folgendes Bild:

- Finn ist vermutlich ein sicher gebundenes Kind, zumindest gibt es dafür einige Hinweise. Er weint beim Abschied und will damit seine Bindungsperson in der Nähe halten bzw. traut sich, seine Gefühle offen zu zeigen. Kommt die Mutter wieder, zeigt er eindeutig Freude. Zudem ist er in der Lage, nach kurzer Zeit seine neue Umgebung zu erforschen und die Bildungsangebote der Krippe zu nutzen.
- Zur Kinderpflegerin hat er inzwischen eine Bindungsbeziehung aufgebaut. Er akzeptiert sie als Person, lässt sich von ihr trösten oder spielt mit ihr.
- In der Einrichtung gibt es eine Eingewöhnungszeit von ca. drei Wochen (12–15 Arbeitstage). Damit ist ein wesentliches Kriterium erfüllt. Bei einer Dauer von drei Wochen ist in der Regel auch ausreichend Zeit für das Kind, Sicherheit zu gewinnen und sich mit der neuen Situation so weit vertraut zu machen, dass es ohne größere Schwierigkeiten für einige Stunden alleine in der Einrichtung bleiben kann. Zunehmend wird es dann auch in der Lage sein, die Bildungsangebote zu nutzen und mit anderen Kindern zu kooperieren.
- Die pädagogische Fachkraft geht sehr feinfühlig mit Finn um. Sie spendet ihm Trost, wenn die Mutter geht und Finn weint. Dabei achtet sie darauf, auf seine Gefühle einzugehen und diese ernst zu nehmen, denn sie sagt „Finn ist traurig...". Auch wartet sie ab, bis Finn sich ein wenig beruhigt hat, erst dann macht sie ihm verschiedene Angebote, etwas zu unternehmen. Sie drängt Finn nicht, sondern wartet ab, ob bzw. für welches Angebot er sich entscheidet. Damit vermittelt sie Finn ein Gefühl von Kontrolle über die Situation.
- Offensichtlich gibt es ein Abschiedsritual, wenn die Mutter geht. Die Kinderpflegerin nimmt Finn auf den Arm und geht zum Fenster, um seiner Mutter zu winken. Anschließend wird der Teddy aus der Tasche geholt, ein Übergangsobjekt, das Trost bringt. Beides dient der Minderung von Stress.

2. Finn hat bereits Fortschritte gemacht auf dem Weg zum Krippenkind, gleichzeitig braucht er noch Unterstützung.

   Folgendes Verhalten weist darauf hin, dass Finn in der Krippe zumindest teilweise schon angekommen ist:

   - Finn weint zwar noch beim bzw. nach dem Abschied von der Mutter, er lässt sich aber relativ rasch von der Kinderpflegerin trösten.
   - Er hat erste Spielideen, z. B. beschäftigt er sich mit Holzperlen und Holzwürfeln und interessiert sich für den Maltisch.
   - Er freut sich und lacht, z. B. gefällt es ihm offensichtlich zu rutschen, denn er quietscht und lacht dabei.
   - Er erkennt Strukturen und fühlt sich zugehörig, denn er kennt das Zeichen für den Morgenkreis und holt sich eine Teppichfliese, um sich in den Kreis zu setzen. Auch klatscht er beim Singen mit.

- Er verweilt ca. zehn bis zwölf Minuten bei dem Spiel mit den Holzperlen. Das ist ein relativ langer Zeitraum für ein Kind in Finns Alter.

Folgendes Verhalten zeigt, dass Finn in diesem Bereich noch Unterstützung benötigt:
- Er weint beim Abschied von der Mama und benötigt Trost und Übergangsobjekte, um sich zu beruhigen.
- Er spielt vorwiegend alleine. Parallelspiel oder Kooperation mit anderen Kindern ist nicht zu erkennen.
- Er kennt keine akzeptablen Möglichkeiten, sich bemerkbar zu machen oder zu signalisieren, dass er mitspielen möchte. So zerrt er an Lauras T-Shirt und greift einfach nach der Kreide.

Hinweise auf weitere Kriterien fehlen im Text. Da er sich sprachlich noch nicht äußern kann, fallen diese Aspekte für die Beurteilung weg bzw. müssen interpretiert werden. Finn hat das Prinzip der Kommunikation verstanden, er zeigt auf Dinge, die er haben möchte und sagt „da-da". Es ist davon auszugehen, dass er die neue Bezugsperson anspricht, in der Erwartung, dass er eine freundliche Reaktion erhält.

3. Die nächste Stufe der Entwicklung in verschiedenen Bereichen

Bisher spricht Finn noch keine erkennbaren Worte, er äußert sich mit „da" oder nonverbal durch Lachen, Weinen usw. Im sprachlichen Bereich stehen die Einwort-Sätze als nächste Entwicklungsstufe an. Damit kann er deutlichere Hinweise geben, was Gegenstand der Kommunikation ist, auch wenn in dieser Phase nach wie vor großer Interpretationsbedarf besteht.

Motorisch ist Finn ziemlich aktiv. In diesem Bereich gilt es, in der nächsten Zeit die Koordination zu verbessern, damit die Bewegungen flüssiger werden. Neue Bewegungen wie Hüpfen und Rennen kommen hinzu, wenn das eigenständige Laufen gut beherrscht wird.

Entwicklungsaufgabe im sozialen Bereich ist es, sich für das Spiel anderer Kinder zu interessieren (teilweise geschieht das bereits, wie die Situation mit Laura zeigt) und mit ihnen zu kooperieren, wofür es derzeit keine Hinweise gibt.

Im kognitiven Bereich sind Zusammenhänge zu erfassen und später zu benennen. Finn interessiert sich für Perlen und Würfel, er erkennt Unterschiede, Würfel bleiben liegen, Perlen rollen. Bislang verfolgt er lediglich, was geschieht. Auf einer nächsten Stufe kann er gedanklich erkennen, was passieren wird und gezielt handeln, z. B. nur noch Würfel ins Regalfach legen, weil diese liegen bleiben. Finn hat in seinem Gedächtnis bereits markante Ereignisse des Tages gespeichert. Er weiß, was der Klang der Triangel bedeutet, nämlich dass nun der Morgenkreis kommt und was dies bedeutet. Andere Strukturen muss er noch erfassen und sich einprägen.

Handlungskonzept

1. Der erste Schritt im Rahmen des Handlungskonzepts ist die Entwicklung von Zielen. Dies geschieht hier in Form von Richt-, Grob- und Feinzielen. Feinziele beziehen sich jeweils auf ein bestimmtes Grobziel, deshalb muss dieses hier angegeben werden. Feinziele werden an dieser Stelle exemplarisch nur für das Grobziel 1 entwickelt:

Richtziel 1

Finn kann zwischen den Lebensbereichen Familie und Krippe pendeln

Erst wenn ein Kind in der Krippe wirklich angekommen ist, kann es sich auf den Krippenbesuch freuen und die Gemeinsamkeit als Bereicherung empfinden bzw. Bildungsangebote nutzen. Hat es mit dem Übergang noch Probleme, so ist viel Energie gebunden, mit der Trauer beim Abschied zurechtzukommen. Auch können schwierige Situationen oder Konflikte nicht gemeistert werden, weil in diesen Situationen die Bindungsperson vermisst wird und das Kind sich deshalb nicht mit den Anforderungen auseinandersetzen kann.

Grobziel 1	Grobziel 2	Grobziel 3
Finn trennt sich ohne Probleme von seiner Mutter.	Er freut sich auf die Krippe und nutzt die Bildungsangebote.	Er kennt den Tagesablauf und die Regeln in der Krippe und hält sich daran.
Feinziel 1 Finn verabschiedet sich von seiner Mutter ohne zu weinen und ohne Übergangsobjekt.	**Feinziel 1** __________ __________ __________	**Feinziel 1** __________ __________ __________
Fernziel 2 Finn wendet sich nach dem Abschied rasch der Gruppe und den Spielmöglichkeiten zu.	**Feinziel 2** __________ __________ __________	**Feinziel 2** __________ __________ __________

Richtziel 2

Finn kennt die Regeln des Zusammenlebens in der Gruppe

Kleine Kinder wissen oft nicht, wie sie mit anderen Kindern in Kontakt kommen sollen, sie zerren deshalb an der Kleidung, hauen oder beißen, um auf sich und ihr Anliegen aufmerksam zu machen. Dies stört, nervt die Wunsch-Kontaktpersonen oder macht ihnen gar Angst. Die Folge ist, dass eigentlich das Gegenteil bewirkt wird; das Kind bekommt keinen Kontakt, sondern die anderen vermeiden den Umgang. Deshalb ist es wichtig, dass Finn angemessene Formen der Kontaktaufnahme kennenlernt und einsetzt. Nur so kann bei den anderen Kindern die Bereitschaft entstehen, sich Finn zuzuwenden oder mit ihm zu spielen. Die gemeinsame Aktion mit anderen Kindern wiederum beinhaltet viele Lernmöglichkeiten, die ansonsten verschlossen bleiben.

Grobziel 1	Grobziel 2	Grobziel 3
Er kennt unterschiedliche Möglichkeiten, Kontakte angemessen zu knüpfen.	Er kooperiert/spielt mit anderen Kindern.	Er wartet, bis er an der Reihe ist.
Feinziel 1	**Feinziel 1**	**Feinziel 1**
Finn berührt die Kinder leicht am Arm, wenn er mitspielen oder etwas haben will.	______________________	______________________
Fernziel 2	**Feinziel 2**	**Feinziel 2**
Er äußert sich sprachlich, um auf sich und seine Bedürfnisse aufmerksam zu machen.	______________________	______________________

Richtziel 3

Finn entwickelt seine sprachlichen Fähigkeiten weiter

Sprache ist der Schlüssel zur Welt. Sie hilft Kontakte zu knüpfen, sich auszutauschen und abzusprechen. Mit Sprache können wir unsere Eindrücke und Gedanken in Worte fassen, Wissen erwerben, Pläne entwickeln und unsere Erfahrungen weitergeben. Kurz gesagt hilft sie Kindern, sich persönlich weiterzuentwickeln und sich im sozialen Leben zurechtzufinden und zu behaupten.

Grobziel 1	Grobziel 2
Finn verbessert seine sprachlichen Ausdrucksmöglichkeiten.	Finn ist Kommunikationspartner.
Feinziel 1	**Feinziel 1**
Finn spricht Einwort-Sätze.	Finn hört zu und antwortet.
Feinziel 2	**Feinziel 2**
______________________	______________________

2. Die Möglichkeiten der pädagogischen Einflussnahme werden exemplarisch anhand des Richtziels 3 aufgezeigt. Dabei wird Bezug genommen auf das Grobziel 2 mit seinen Feinzielen „Finn spricht Einwort-Sätze" und „Finn hört zu und antwortet".

   Kinder erwerben die Sprache im Dialog mit anderen Menschen. Dies geschieht im Säuglings- und Kleinkindalter im Wesentlichen im täglichen Umgang durch zwei Einflussmöglichkeiten. Beide dienen dazu, einzelne Begriffe zu erlernen und sich im Zuhören und Antworten zu üben.

   Erwachsene verwenden in der Interaktion mit Säuglingen die sogenannte „Ammensprache". Dabei sprechen sie die Kinder in einer hohen Tonlage an, heben einzelne Worte besonders hervor, indem sie diese in die Länge dehnen und übermäßig betonen. Sie bilden nur kurze Sätze, machen viele Pausen und wiederholen einzelne Worte immer wieder. Mithilfe der Ammensprache können Kinder die Bedeutung der Worte erfassen, noch bevor sie selbst sprechen können. Gleichzeitig hören die Kinder auf die erwachsene Stimme, schauen die Person, die mit ihnen spricht, an und antworten, d. h. brabbeln oder plappern in den Sprechpausen.

Neben der Ammensprache hilft Säuglingen und Kleinkindern die sogenannte „geteilte Aufmerksamkeit" das Prinzip der Kommunikation zu erfassen. Dabei lenken Erwachsene die Aufmerksamkeit des Kindes mithilfe von Gesten auf einen Gegenstand, den der Erwachsene und das Kind dann betrachten. Indem der Erwachsene dazu spricht, z. B. den Gegenstand benennt, fördert er den Übergang zur gesprochenen Sprache. Kinder erkennen dadurch, dass Menschen in Dialogen eine Absicht verfolgen und beginnen ebenfalls intentional zu handeln, z. B. indem sie auf einen Gegenstand zeigen, den sie haben möchten oder der ihr Interesse erregt hat. Erwachsene können dann antworten und so die Sprachentwicklung weiter fördern.

Finn hat die Grundlagen des intentionalen Vorgehens bereits erkannt. Es wird beschrieben, dass er auf Gegenstände zeigt, die er haben möchte und „da-da" sagt. Um den Übergang zur Sprache, d. h. zu einzelnen erkennbaren Wörtern zu fördern, kann das pädagogische Fachpersonal sowohl die Ammensprache als auch die geteilte Aufmerksamkeit nutzen. Hierfür eignen sich besonders Situationen, in denen sich die Fachkraft intensiv dem einzelnen Kind, sprich Finn, zuwenden kann. Dazu zählen beispielsweise die Wickelsituation, das An- und Ausziehen und die Essenssituation.

Im zweiten Lebensjahr werden dann verstärkt auch die Handlungen des Kindes vom Erwachsenen verbal begleitet. Damit wird die Aufmerksamkeit des Kindes auf den Ausschnitt der Realität gelenkt, der gerade wichtig und für das Kind überschaubar ist. Die Fachkraft kommentiert z. B. „Finn, möchtest du rutschen?" oder „die Perlen bleiben nicht liegen, die rollen immer wieder weg". In diesem Alter lernen Kinder eine Vielzahl von neuen Worten hinzu, indem sie fragen oder fragend schauen und zeigen. Die pädagogische Fachkraft hat die Aufgabe, die Fragen der Kinder angemessen zu beantworten.

Die Sprachentwicklung von Finn kann darüber hinaus auch in gezielten Angeboten gefördert werden. Dies soll anhand eines Beispiels aufgezeigt werden. Zwei oder drei Gegenstände des täglichen Bedarfs, z. B. Löffel, Waschlappen, Bürste, Socken, werden jeweils in kleine Kartons oder Taschen gelegt. Anschließend werden die Gegenstände mit dem Kind gemeinsam erforscht. Die Fachkraft benennt den Gegenstand und beschreibt in kurzen Sätzen, wie er sich anfühlt. Gleichzeitig wird vorgemacht, wie man den Gegenstand benutzt, indem die Fachkraft ihr Haar bürstet, so tut als ob sie den Socken anzieht usw. Anschließend wird das Kind aufgefordert, die Handlung nachzuahmen. Auch hier wird deutlich, dass es zunächst darum geht, dass das Kind zuhört und dann antwortet, z. B. indem es die Handlung nachahmt oder die Worte nachspricht. Einzelne, neue Worte werden in ihrer Bedeutung erfasst oder selbst gezielt eingesetzt. Insbesondere Verben oder Adjektive können im zweiten Lebensjahr auf diese Weise gelernt werden und erweitern den Wortschatz enorm.

(Idee vgl. Beswick, Clare/Featherstone, Sally: Aktivitäten für den Entwicklungsbereich „Kommunikationsfreudige Kinder" – Ich höre zu und antworte, Troisdorf: Bildungsverlag EINS, 2007, S. 18)

Meinungsbildung/Stellungnahme

Der quantitative Ausbau der Krippen wird in vielen Orten rasch vorangetrieben, weil Bedarf besteht und die gesetzlichen Regelungen dies vorgeben. Damit die Kinder in der Einrichtung nicht nur einen Platz bekommen, sondern auch angemessen gefördert werden, muss der quantitative Ausbau unbedingt mit dem qualitativen einhergehen. Besonders wichtig erscheinen der Personalschlüssel, die Gruppengröße, die Qualifikation des Personals und die Ausstattung. Am Beispiel der Qualifikation des Personals soll nun erklärt werden, warum der qualitative Ausbau von Bedeutung ist.

Viele Fachkräfte, die zurzeit mit Kindern unter drei Jahren arbeiten, haben vor Jahren eine Ausbildung zur Kinderpflegerin oder Erzieherin gemacht. Damals gab es, zumindest im westlichen Teil von Deutschland, sehr wenige Krippen, sodass die Arbeit mit unter Dreijährigen in der Ausbildung kaum eine Rolle gespielt hat. Nun richten viele Einrichtungen eine Krippengruppe ein, weil Bedarf besteht oder sie erweitern aus Mangel an Kindergartenkindern die Altersmischung auf Kinder unter drei Jahren. Nicht immer entscheiden sich pädagogische Fachkräfte bewusst für die Arbeit mit den Kleinsten, oft werden sie vom Träger aufgefordert oder vor vollendete Tatsachen gestellt. Das bedeutet, sie sind auf diese Arbeit kaum vorbereitet und benötigen die Möglichkeit der Fortbildung. Mit Krippenkindern zu arbeiten, bedeutet nicht die Arbeit mit Kindergartenkindern zu reduzieren. Es gibt völlig neue Aufgaben, wie z. B. die Umsetzung eines Eingewöhnungskonzepts, Feinfühligkeit im Umgang mit den Kindern, erhöhter Pflegebedarf, Pflegesituationen, die pädagogisch zu nutzen sind sowie entwicklungsangemessene Bildungsangebote. Diese Themen sollten nicht nebenbei bearbeitet werden. Fachkräfte brauchen hier Unterstützung. Im Rahmen von Fortbildungen können die neuen Aufgabenbereiche systematisch fachlich fundiert und reflektiert werden.

1.3 Materialien

Materialien 1

Die Bindungstheorie
„Unter Bindung wird ein dauerhaftes, emotionales Band zwischen zwei Individuen (z. B. einem Kind und einer vertrauten Bezugsperson) verstanden, das durch die innere Repräsentation der Bindungspartner charakterisiert wird und das auf der Grundlage von Interaktionserfahrungen der Bindungspartner wächst. Die Entstehung und Entwicklung von Bindungen und Bindungsbeziehungen zwischen Kindern und ihren Bezugspersonen in der sozialen Interaktion sind Gegenstand der Bindungstheorie.

Die von Bowlby (1975, 1976, 1982, 1983) auf der Basis von Ethologie, Psychoanalyse und Stresstheorie formulierte Bindungstheorie ist eine der am häufigsten empirisch begründeten Entwicklungstheorien. Bindung entwickelt das Kind an die Menschen, die es pflegen, versorgen und sich mit ihm beschäftigen. Die Einfühlsamkeit, mit der die Bezugspersonen auf kindliche Signale reagieren und seine Bedürfnisse erfüllen, hat unterschiedliche Qualitäten der Bindung des Kindes zur Folge.

Bindungsqualität ist eine Konsequenz des Verhaltens beider Beziehungspartner. Sie lässt sich bestimmen durch die Art, in der ein Kind, wenn es sich in einem Zustand der Verunsicherung befindet, eine Bezugsperson als Quelle zur Erlangung von Sicherheit nutzen kann. Kinder, deren Mütter bzw. Väter einfühlsam auf ihre Signale eingehen und ihre Bedürfnisse erfüllen, entwickeln eine sichere Bindungsqualität. Mithilfe einer standardisierten Beobachtungssituation (...) lassen sich als

Bindungsqualitäten (a) sichere Bindung, (b) unsicher-vermeidende Bindung und (c) unsicher-ambivalente Bindung unterscheiden. Diese drei Hauptkategorien werden in der Forschung weiter differenziert.

Das **Bindungsverhalten** ist das Verhalten, das das Erreichen oder Bewahren der Nähe zu einem bevorzugten Individuum (Bindungsperson) zum Ziel hat. Diese Nähe bewirkt ein Sicherheitsgefühl beim Kind, welches wiederum die Erkundung der Umwelt und damit die Weiterentwicklung ermöglicht. Bindungsverhalten wird erst dann aktiviert, wenn das Kind entweder durch innere Belastung oder durch äußeren Stress auf die emotionale Unterstützung der Bindungsperson angewiesen ist. Erwachsene können in belastenden Situationen dann als „sichere Basis" dienen, wenn Kinder eine sichere Bindungsbeziehung aufgebaut haben. Die Bindungsperson ist also die Ausgangsbasis, die es dem Kind möglich macht, nach verunsichernden oder ängstigenden Eindrücken sein inneres Gleichgewicht wieder herzustellen und die Erkundung der Umwelt zu beginnen oder fortzusetzen (Grossmann & Grossmann, 1999). Beide Verhaltenssysteme – Bindung und Exploration – stehen somit in enger Beziehung zueinander. Dem Aufbau einer Bindung kommt also eine wichtige Funktion für die Auseinandersetzung des Kindes mit seiner Umwelt zu. Sie gilt als eine zentrale Entwicklungsaufgabe.

Traditionellerweise geht die Bindungstheorie von Mutter und Vater als Bindungsfiguren aus. Erzieherinnen-Kind-Bindungen wurden zum ersten Mal in den 1980er Jahren beschrieben und sind heute Bestandteil der Bindungsforschung (...). Fest steht: Schon sehr junge Kinder können Bindungen an die Eltern und an Erzieherinnen zur selben Zeit aufbauen. Diese Beziehungen sind unabhängig voneinander. In jedem Fall gelten vergleichbare Voraussetzungen: Sensibilität und Responsivität.

Der Stressansatz

Der Stressansatz spielt in der Entwicklungspsychologie und in der Psychologie der seelischen Gesundheit eine große Rolle. Bei der Bewältigung von Veränderungen – auch im Hinblick auf Transitionen – ist von entscheidender Bedeutung,

- ob diese Veränderungen größeren Ausmaßes und von längerer Dauer sind,
- ob die Veränderungen von den Betroffenen erwünscht sind und kontrollierbar sind und
- welche Ressourcen zur Verfügung stehen, die entweder in der Person selber liegen und/oder die sie als Unterstützung von außen erfährt.

Wenn die Ressourcen zur Bewältigung der Anforderungen nicht ausreichen, werden die Anforderungen zu Überforderungen. Für den Übergang von der Familie in die Krippe bedeutet das, dass die Veränderungen durch die Eingewöhnung nur allmählich eingeführt werden, dass auch den jüngsten Kindern ein Recht auf ‚Kontrolle' zugestanden wird, indem sensibel auf ihre Signale eingegangen wird, und dass unterstützende Ressourcen dafür sorgen, Überforderungen zu vermeiden. (...)

Zwischen der Bindungstheorie und dem Stressansatz lassen sich unschwer Verbindungen erkennen. In Situationen, in denen das Kind Stress (Verunsicherung, Angst) erlebt, braucht es seine Bindungsperson als sichere Basis bzw. als Ressource zum Entspannen und „Auftanken" für erneute Explorationsversuche. Die wichtigsten Strategien für eine pädagogische Übergangsgestaltung basieren demzufolge auf den Grundsätzen der

- allmählichen Veränderung und
- Nutzung der Bindungsperson(en) des Kindes als unterstützende Ressource, bis eine Person in der neuen Umgebung diese Funktion übernehmen kann.

Diese Perspektive ist allerdings ausschließlich auf das Kind und seine Eingewöhnung fokussiert. Die Notwendigkeit, den Blick auch auf die Stressreduktion und die Nutzung von Ressourcen für Eltern und Erzieherinnen zu lenken, wird weiter unten behandelt."

Quelle: Niesel, Renate/Griebel, Wilfried: Transitionen, Berlin: Cornelson Scriptor, 2004, S. 47 ff.; gekürzt

Materialien 2

„Ob und wann Kinder tatsächlich mit der Trennungssituation zurechtkommen und den Tag in der Krippe genießen können, können Eltern an verschiedenen Kriterien erkennen.

Woran erkennt man, dass ein Kleinstkind in der Außerhausbetreuung angekommen ist und sich dort wohlfühlt? (...)
• Das Kind weint nach der Eingewöhnung nicht mehr beim und nach dem Abschied von der Mutter oder lässt sich recht schnell von der neuen Bezugsperson trösten;
• es geht gern und freiwillig in die Krippe;
• es lässt sich von der neuen Bezugsperson wickeln oder auf der Toilette versorgen;
• es zeigt wenig ‚Abseitsverhalten', d. h. es steht selten unbeschäftigt herum, wandert selten ziellos umher, lutscht wenig am Daumen und zeigt wenig rhythmische Selbstberuhigung;
• es hat erste Spielideen;
• es verweilt bei einer Tätigkeit, d. h. es spielt konzentriert;
• es spielt parallel zu anderen Kindern oder kooperiert mit ihnen;
• es zeigt weniger Aggression als anderes Sozialverhalten;
• es zeigt Erleichterung darüber, nach einem Konflikt einen Weg gezeigt bekommen zu haben, gemeinsam weiterspielen zu können;
• es spricht spontan die neue Bezugsperson in Erwartung einer Antwort oder einer freundlichen Interaktion an;
• es sucht Trost bei der neuen Bezugsperson;
• es kann bei Vermittlung der Bezugsperson teilen oder abwechseln;
• es freut sich, lacht oft und weint selten;
• es besitzt eine altersgemäße Frustrationstoleranz und kann warten, bis es an der Reihe ist;
• es äußert seine Meinung, auch gegen Widerstand, denn das ist ein Zeichen, dass es hier dazugehören möchte und sich entsprechend engagiert.

Ein Hauptkriterium ist das konzentrierte und kreative Spiel, das gut eingewöhnte Kinder zeigen. Innerlich belasteten Kindern, die keine sichere Basis außer Haus gefunden haben, ist dies für längere Zeit nicht möglich; ihnen fehlt das entspannte Feld, angst- und anspannungsfrei zu erkunden und zu spielen. Auch ein offener und vertrauensvoller Umgang, anfangs allein mit der Bezugserzieherin, bald erweitert auf die anderen Erzieherinnen, die dem Kind eine Kontaktaufnahme erleichtern, sind wichtige Schritte in die Einrichtung hinein. Als weiteres gutes Zeichen, dass ein Kind in der Einrichtung ‚angekommen' ist, gilt eine deutlich sichtbare Neugier auf die Einrichtung, die vielfältigen Spielmöglichkeiten und die anderen Kinder. Eingewöhnungsbeobachtungsbögen, die solche Kriterien über die ersten Wochen festhalten, haben sich hier als äußerst hilfreich erwiesen und werden zunehmend von den Einrichtungen eingesetzt (...).

Besonders aussagekräftig sind hier die Beobachtungen, ab wann sich ein Kind von der Erzieherin trösten lässt, ob es außer Kummer bereits Gefühle wie Neugierde, Freude zeigt, mitunter schmunzeln oder sogar schon lachen muss, wenn etwas Lustiges passiert. Wenn ein Kind Wünsche äußert, die Erzieherinnen oder gar andere Kinder um Hilfe bittet, ist es schon fast angekommen. Besonders wichtig ist, dass das Kind andere Kinder beobachtet, den Kontakt zu ihnen sucht und deutliches Interesse an deren Tun und an Ereignissen in der Gruppe zeigt. Klare Zeichen von Begeisterung, Interesse und Teilhabe am Geschehen relativieren auch den oft noch länger geäußerten Trennungsschmerz, der die Eltern stark beschäftigt. Dieses beim morgendlichen Abschied von der Mutter oder dem Vater beginnende und auch nach deren Weggang noch kurz anhaltende Trennungsweinen, das durchaus vehement sein kann, bleibt überraschend oft noch lang als Startrelikt übrig, auch wenn die übrigen 98 Prozent des Tages bereits genussvoll erlebt und aktiv mitgestaltet werden. Es wird immer wieder beobachtet, dass der Trennungsschmerz für alle Beteiligten irgendwann völlig unerwartet endet. Das Zitat eines 28 Monate alten Mädchen ‚Seit wann wein' ich eigentlich nicht mehr?', zeigt auch die Überraschung des Kindes selbst über die veränderte Startsituation.

Quelle: Haug-Schnabel, Gabriele, in: Krippen. Wie frühe Betreuung gelingt, hrsg. v. Jörg Maywald und Berhard Schön, Weinheim/Basel, Beltz Verlag, 2008, S. 114ff.

Materialien 3

„Offene Planung

Bei der offenen Planung stehen die Selbstbestimmung und Lernmotivation der betroffenen Kinder und Jugendlichen im Vordergrund. Hier setzen Erzieherinnen mit ihren Überlegungen und Angeboten an. Ihre Planung richtet sich auf den Prozess, den sie mit den Heranwachsenden gemeinsam erleben oder partnerschaftlich begleiten. Nicht nur die Erzieherin, sondern alle Beteiligten haben letztlich Anteil am Planungsgeschehen. Gefühle und Konflikte fließen dabei mit ein, ebenso ergeben sich Umwege, die den Verlauf bereichern können. Planung in diesem Sinne ist keine Abfolge einer einfachen Ursache-Wirkung-Kette, sondern bezeichnet eher ein Suchverfahren ohne direkte Lösung. Das wirkt auf den ersten Blick ziellos und beliebig, ist es aber nicht. Vielmehr setzt sich der Planende mit einer Situation von Kindern und Jugendlichen intensiv auseinander, erwägt verschiedene Handlungsmöglichkeiten und rechnet damit, dass seine Planung und die tatsächliche Umsetzung nicht einheitlich verlaufen (...).

Geschlossene Planung

Planung in der geschlossenen Form führt schrittweise oder stufenweise auf ein vorher festgelegtes Ziel hin. Während dieses Geschehens liegt die Verantwortung in den Händen einer lehrenden Person, die für andere ein anzustrebendes Ziel vorgibt. Der Lehrende überlegt sorgfältig, welche Kenntnisse oder Fähigkeiten vermittelt werden sollen. Das Gesamtziel wird ggf. in Teilziele zerlegt, geeignete Methoden und Materialien werden vorbereitet. Die Lernenden akzeptieren weitgehend das Lernprogramm; Schulungen dieser Art dienen etwa dem Erlernen einer Fremdsprache oder eines Musikinstrumentes. Kleinere Kinder lernen auf diese Weise z. B., ihre Jacke anzuziehen oder eine Schleife zu binden.

Der Aufbau einer geschlossenen Planung ist möglichst klar gegliedert, erfolgt meist vom Leichten zum Schweren, vom Allgemeinen zum Besonderen (oder umgekehrt), von einfachen hin zu komplexen Zusammenhängen. In der Regel lassen sich schon während einzelner Teilabschnitte eigene Fortschritte aufzeigen; ebenso ist auch das abschließende Lernergebnis für einen selbst und für andere überprüfbar. Sinnvoll ist dieses Vorgehen, wenn es etwa darum geht, eine Wissenslücke zu schließen, notwendige Verhaltensweisen oder Fähigkeiten zu trainieren oder etwas bis dahin völlig Neues kennenzulernen. Infolgedessen ist auch der Lehrplan einer Schule gegenüber den Angeboten einer Tageseinrichtung für Kinder als geschlossener anzusehen. Planungen dieser Art zielen meist auf ein abgeschlossenes und abgeschirmtes Lernen. Die erlernten Fähigkeiten und Kenntnisse müssen in den Alltag erst noch übertragen werden. Das stellt ein Problem dar, das immer mit bedacht werden muss. Bedenklich ist ein geschlossenes Planungskonzept, wenn dadurch verhindert wird, dass Kinder und Jugendliche eigene Lernmotivationen und Lernwege suchen. Es kann dazu führen, dass die Freude am Forschen und Experimentieren behindert wird und Entscheidungsspielräume verringert werden.

In vielen deutschen Kindergärten etwa wird nach Jahres-, Monats- bzw. Wochenplänen gearbeitet. Diese immer noch häufig praktizierte Vorgehensweise wird oft als unbefriedigend erlebt. Vor allem wird kritisiert, dass die Pläne die Spontaneität der Kinder hemmen, ihnen keine Möglichkeiten der Eigenständigkeit oder Mitbestimmung eröffnen und somit oft an ihren Bedürfnissen, Interessen und Wünschen vorbeigehen – selbst wenn die Pläne vielfältig und abwechslungsreich gestaltet werden. Wie berechtigt diese Kritik ist, zeigt sich, wenn Kinder beispielsweise an einem solchen Jahresthema kein Interesse mehr haben. Auch kommt es in diesem Zusammenhang immer wieder vor, dass eine langfristig vorgesehene Aktivität im Gruppenraum gemacht wird, obwohl die Kinder nach tagelangem Regen lieber im Freien spielen wollen.

Groß ist zuweilen auch die Unsicherheit gegenüber den Eltern, wenn man sich vor ihnen rechtfertigen muss, weil das im Wochenplan aufgeführte Lied aufgrund anderer Interessen oder Wünsche der Kinder nicht gelernt wurde. Ebenso werden in diesem Zusammenhang auch Vorschulmappen oder das einheitliche Anfertigen einer gemeinsamen Bastelvorlage kritisch benannt – insbesondere dann, wenn sie alljährlich immer in derselben Weise und für alle Kinder durchgeführt werden.

Quelle: Böhm, Dietmar/Dreißen, Stefanie/Eimuth, Kurt-Helmuth/Lambertz, Martina/Müller-Till, Lutz-Walter/Rauner, Ingrid/Berkemeier, Anja/Ribic, Bianca: Kein Kinderkram! Erzieherinnen- und Erzieherausbildung in Lernfeldern, Band 1, Braunschweig: Westermann, 2008, S. 214 ff.; gekürzt

Arbeiten im Kindergarten ist kein Schulunterricht, aber...
„Eine verantwortliche pädagogische Arbeit mit Kindern und Jugendlichen bedarf der regelmäßigen und sorgfältigen Reflexion und Begründung. Im Rahmen dieser Prozesse bedienen sich Erzieherinnen verschiedener Fachbegriffe, um das geplante oder erfahrene pädagogische Geschehen in eigene Worte zu fassen. Erzieherinnen geraten hierbei in ein Dilemma, denn das Vokabular, das ihnen hierfür zur Verfügung steht, entstammt ausschließlich der Schul- und Unterrichtsdidaktik. ‚Ziele, Inhalte, Methoden sind Grundkategorien zur Reflexion und Gestaltung von Unterricht' (Hilbert Meyer). Insofern stellt sich die Frage, inwiefern diese Begrifflichkeit überhaupt tauglich ist, um auch das pädagogische Planen und Handeln von Erzieherinnen angemessen abzubilden und zu reflektieren. Andererseits steht zu erwarten, dass Teile dieser schulisch-didaktischen Modelle auch für Erzieherinnen hilfreich und anregend sein können.

Lernzielanalyse

Ziele werden gesetzt oder angestrebt; jedoch stimmen die Ergebnisse nicht immer mit den eingangs formulierten Zielen überein. Lernzielorientiertes Arbeiten mit Kindern und Jugendlichen versucht dieses Geschehen zu steuern, indem es empirisch kontrollierbare Zuordnungen macht. Auf der einen Seite werden die angestrebten Ziele in verschiedene Zielebenen aufgegliedert. So entsteht eine Ziele-Pyramide von

- übergeordneten, allgemein umfassenden Richtzielen (etwa des Trägers einer Einrichtung);
- den Grobzielen (einer Einrichtung), welche auf diese hauptsächlichen Ziele hinweisen;
- hieraus lassen sich Teilziele ableiten, welche als Lernziele in die pädagogische Arbeit einmünden;
- schließlich ergeben sich Feinziele, die den erwünschten und konkreten Lernprozess in Bezug auf eine fest umrissene Aufgabe beschreiben.

Während einige Autoren diese Aufgliederung bevorzugen, sprechen andere etwa von Leitzielen, Richtzielen, Grobzielen und Feinzielen. Manche wiederum beschränken sich auf die Unterscheidung zwischen Fernzielen und Nahzielen. Die Grenzen zwischen diesen Zielebenen sind in jedem Falle fließend. Wie auch immer die Aufteilung erfolgt, es ist Aufgabe einer Erzieherin, die anfangs unklaren und abstrakten Zielformulierungen ‚klein zu arbeiten' (H. Meyer) und dadurch möglichst eindeutige und nachprüfbare Schritte hin zu einem erwarteten Lernerfolg festzulegen (Operationalisierung von Lernzielen). Das bedeutet, dass abstrakte oder große Ziele zu immer kleineren Teilzielen heruntergebrochen werden und damit überschaubar und erreichbar sind.

Lernzielbereiche

Lernziele werden bestimmten Bereichen oder Dimensionen zugeordnet und lassen sich auf diese Weise näher betrachten:

- kognitive Lernziele, welche sich auf das Denken, Wissen, Erkennen usw. beziehen;
- affektive Lernziele, die nach Fähigkeiten des Gefühlsbereiches verlangen, aber auch nach der Entwicklung von dauerhaften Werthaltungen;
- psychomotorische Lernziele, die sich auf die manuellen und körperlichen Fähigkeiten beziehen;
- soziale Lernziele, welche die Fähigkeiten des Umgangs mit anderen Menschen ausmachen.

Nutzen lernzielorientierter Planung

Pädagogische Arbeit ohne Ziele ist nicht denkbar; insofern kann das Lernzielmodell einen hilfreichen Beitrag liefern, damit Erzieherinnen sich ihre eigene pädagogische Arbeit systematisch und rational vor Augen führen können. Indem sie sich ihrer eigenen Planungs- und Handlungsschritte anhand solcher Ziele vergewissert, kann sich eine Erzieherin auch mit anderen Kolleginnen oder Eltern darüber austauschen.

Problematik lernzielorientierter Planung

Es besteht die Gefahr, dass Kinder und Jugendliche auf diese Form der Planung und Durchführung von pädagogischen Angeboten kaum noch Einfluss nehmen können. Charakteristisch für eine lernzielorientierte Planung ist zudem die Aufteilung ganzheitlicher Lernprozesse des Kindes in verschiedene Teilbereiche. Lernziele aus dem Gefühlsbereich lassen sich ohnehin kaum überprüfen. Auch inhaltliche sachlogische Zusammenhänge werden durch die Aufgliederung in ‚größere' und ‚kleinere' Ziele oder durch die Ableitung ‚von oben nach unten' oft in unnötiger Weise zerstückelt. Lernziele sollen überprüfbar sein, aber teilweise lassen sich die komplexen Zusammenhänge eines Lernthemas dieser Grundannahme nicht ohne Weiteres unterordnen. Es soll nicht verschwiegen werden, dass die genannten sowie andere Gründe inzwischen dazu geführt haben, dass in der Erziehungswissenschaft ‚von diesem Ansatz weitgehend abgegangen wurde' (Hilbert Meyer). Kritiker weisen darauf hin, dass sich konkretere Ziele nicht einfach aus den allgemeineren Zielen ableiten lassen, weil dabei zusätzliche Merkmale einfließen, die erst eigens begründet werden müssen (Hans Glöckel)."

Quelle: Böhm, Dietmar/Dreißen, Stefanie/Eimuth, Kurt-Helmuth/Lambertz, Martina/Müller-Till, Lutz-Walter/Rauner, Ingrid/Berkemeier, Anja/Ribic, Bianca: Kein Kinderkram! Erzieherinnen- und Erzieherausbildung in Lernfeldern, Band 1, Braunschweig: Westermann, 2008, S. 221 ff.; gekürzt

Materialien 4

Was zeichnet eine gute Krippe aus?

„Um die erforderliche Qualität in Krippen sicherzustellen, benötigen wir drei Voraussetzungen:

- eine hervorragende pädagogische Konzeption,
- eine enge Kooperation zwischen Krippenpersonal und Eltern sowie
- Rahmenbedingungen, die die Umsetzung der Konzeption gewährleisten.

Lassen Sie mich die drei Punkte konkretisieren: Die Konzeption der Einrichtungen muss auf die Altersgruppe der unter Dreijährigen zugeschnitten sein und pädagogische Ziele verfolgen. Es gibt einen Bildungsauftrag von Anfang an. Bereits Babys benötigen ein förderndes, anregendes Umfeld. In den ersten drei Jahren passiert sehr viel. Es werden die Weichen gestellt für die Neugierde, mit der sich die Kinder auch künftig die Welt erobern. Es öffnen sich Lernfenster, sogenannte sensible Phasen, zum Beispiel für die Sprachentwicklung, die es zu nutzen gilt.

Warmherzige Atmosphäre und Geborgenheit

Um die Umweltreize aber verarbeiten zu können, ist für die Kinder eine emotional stabile Basis, ein grundsätzliches Gefühl der Geborgenheit, wichtig. Die Erziehenden müssen in der Lage sein, eine warmherzige Atmosphäre zu schaffen, in der sie feinfühlig auf die Bedürfnisse der Kinder eingehen. Diese Feinfühligkeit ist übrigens auch im Umgang der Eltern mit ihren Kindern nötig, damit diese eine sichere Bindung aufbauen können. Nicht alle Mütter oder Väter sind dazu aber in der Lage.

Damit die Kinder in der neuen Umgebung der Krippe ein Gefühl der Sicherheit entwickeln können, bedarf es einer sorgfältigen

Eingewöhnung. Diese planen die pädagogischen Fachkräfte zusammen mit den Eltern bzw. der engsten Bezugsperson des Kindes und führen sie gemeinsam durch. Als Richtwert für den Eingewöhnungszeitraum gelten drei Wochen. Im Einzelfall kann die Eingewöhnungszeit, in der das Kind Vertrauen zu einer neuen Bezugsperson in der Krippe aufbaut, jedoch kürzer oder auch länger ausfallen.

Dialog mit den Eltern

Babys und Kleinkinder können noch nicht berichten, wie ihr Tag gelaufen ist, was ihnen gefiel und was nicht. Daher ist im Krippenbereich die Kommunikation zwischen Erzieherinnen bzw. Erziehern sowie Eltern besonders wichtig. Die Mütter oder Väter, die ihre Kinder abholen, müssen täglich erfahren, wie es ihrem Nachwuchs während seiner Zeit in der Krippe ging, was er erlebte, was er aß und tat. Diese tägliche Übergabe ist für Kinder und Eltern gleichermaßen wichtig.

Der Rahmen muss stimmen

Damit die pädagogischen Fachkräfte feinfühlig auf die Kinder eingehen und mit den Eltern kommunizieren können, müssen die äußeren Bedingungen stimmen. Auf eine Fachkraft, die idealerweise eine spezielle Ausbildung für die Betreuung und Förderung unter Dreijähriger besitzt, sollten nicht mehr als vier Kinder kommen. Eine Gruppe mit zwei Pädagoginnen bzw. Pädagogen und acht Kindern erwies sich als ideale Größe. Damit das Fachpersonal jedoch seiner pädagogischen Verantwortung gerecht werden kann, sind Assistenzkräfte nötig. Dies können Kinderpflegerinnen oder Kinderpfleger sein. Auf jeden Fall ist eine – zumindest minimale – Ausbildung wünschenswert, denn die Assistierenden sollten größeren Kindern helfen und sich mit den Eltern austauschen können. Für die Krippenorganisation, die Sauberkeit und die Küchenaufgaben sind weitere Mitarbeiterinnen und Mitarbeiter nötig. Wichtig ist jedoch, dass die pädagogischen Fachkräfte das Wickeln und Füttern nicht delegieren. Denn durch die liebevolle Pflege und diese auf ein Kind gerichtete Zuwendung wird Vertrauen aufgebaut und die Erzieherin-Kind-Beziehung gefestigt.

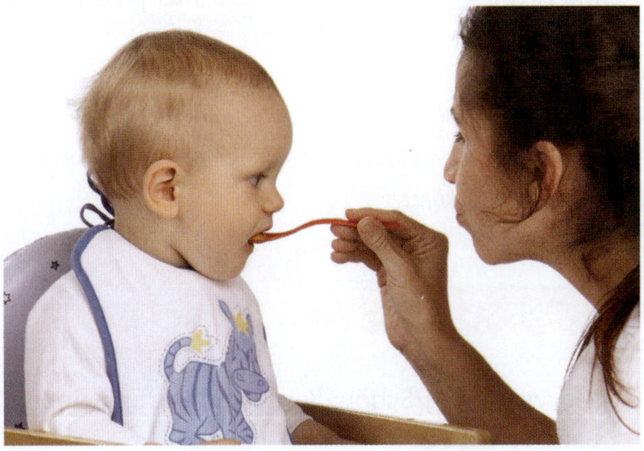

Räume für die Kleinsten

Um für kleine Kinder einen optimalen Rahmen zu bieten, benötigt eine Krippe eine andere Ausstattung als ein Kindergarten. Neben einem Aktivraum, der neben Spielbereichen auch ruhige Ecken aufweisen sollte, ist ein Schlaf- und Ruheraum unabdingbar, wo jedes Kind seinen eigenen, liebevoll gestalteten Schlafplatz hat. Es sollte auch einen ebenerdigen Zugang zum Garten geben. Selbstverständlich sind alle Sicherheitsaspekte bei der Raumgestaltung zu beachten und die Zimmer sollten so gelegen sein, dass die Kinder Zugang zu ihnen haben. Eine Wickelmöglichkeit im Aktivraum erwies sich in der Praxis als vorteilhaft und ist in der Regel realisierbar.

Die Gruppen bleiben stabil

Eine weitere wichtige Rahmenbedingung dafür, dass Kinder sich in der Krippe wohlfühlen, ist eine weitgehend stabile Gruppe. Damit sind sowohl die Erzieherinnen und Erzieher als auch die anderen Kinder gemeint. Die Verträge mit den Pädagogen sollten daher eine Kündigung nur zum Sommer vorsehen. Über die Sommerferien ist ein Wechsel für die Kinder leichter zu verkraften.

Idealerweise gibt es während der gesamten Krippenzeit eines Kindes, also bis zu seinem dritten Geburtstag, keinen Wechsel. Dies ist in der Realität jedoch leider häufig nicht umzusetzen.

Krippe als Bereicherung für Kinder
Trotzdem: Die Krippe bedeutet in den meisten Fällen eine Bereicherung für die Kinder. Wenn sie dort eine stabile Basis aufbauen und feinfühlige Betreuung erfahren, erhalten Kinder in der Krippe die gleiche Zuwendung und den gleichen Körperkontakt wie zu Hause bei der Mutter. Das belegen Studien. Die Krippe bietet darüber hinaus, was die meisten Familien nicht oder kaum bieten können: andere Kinder! Eltern mehrerer Kinder wissen, welch ungeheure Faszination die größeren Geschwister für ein Baby besitzen und dass die Kleinen viel von den Großen lernen. Für Babys unter einem Jahr sollte die tägliche Krippenzeit vier bis fünf Stunden aber nicht übersteigen. Mit zunehmendem Alter wird jedoch der Explorationsdrang der Kinder immer größer. Dann bietet ihnen auch ein ganztägiger Krippenaufenthalt zumeist mehr Anregungen als eine Betreuung zu Hause. Eine qualitativ hoch stehende Krippenbetreuung kann für Kinder sowohl bindungs- als auch entwicklungspsychologisch eine Bereicherung sein und für ihre weitere Entwicklung einen Gewinn darstellen. Verbindliche Standards müssen jedoch dringend sicherstellen, dass in allen Krippen die Qualität stimmt und das positive Potenzial dieser Betreuungsform auch umgesetzt wird.

Quelle: Becker-Stoll, Fabienne: Gute Krippen – gut für Kinder, Familienhandbuch des Staatsinstituts für Frühpädagogik, unter: www.familienhandbuch.de/kindertagesbetreuung/kinderkrippe/gute-krippen-%e2%80%93-gut-fur-kinder [16.01.2011]; gekürzt

TIPPS zum Weiterlesen

- Maywald, Jörg/Schön, Bernhard (Hrsg.): Krippen. Wie frühe Betreuung gelingt, Weinheim, Basel: Beltz Verlag 2008.

- Viernickel, Susanne/Völkel, Petra: Bindung und Eingewöhnung von Kleinkindern, Troisdorf: Bildungsverlag EINS, 2009.

2 Lernsituation Lars

Arbeitsfeld Kindergarten – Themen: Sprachstörungen/Zusammenarbeit mit Eltern

Lars, 3 Jahre und 11 Monate, besucht seit vier Monaten die Integrationsgruppe eines Kindergartens. In dieser Gruppe befinden sich 16 Kinder, vier davon mit erhöhtem Förderbedarf.

Lars' Eltern fiel sehr früh auf, dass ihr Sohn Probleme mit dem Spracherwerb hatte. Gegen Ende des zweiten Lebensjahres sprach er deutlich weniger Worte als seine Schwester im gleichen Alter. Auch verwendete er ausschließlich Einwort-Sätze. Die Eltern wandten sich an ihren Kinderarzt, der zu einer genaueren Untersuchung durch den Hals-Nasen-Ohren-Arzt und einer Logopädin riet. Lars wurde als „Late-Talker" eingestuft. Das bedeutet, dass es Hinweise auf eine spätere Sprachentwicklungsstörung gibt, eine Diagnose in diesem Alter aber noch nicht gestellt wird. Von einer logopädischen Behandlung wurde den Eltern zunächst abgeraten, die Sprachentwicklung von Lars sollte aber weiterhin genau beobachtet werden.

Im Verlauf des dritten Lebensjahres lernte Lars einige wenige Worte dazu. Auffallend war, dass er Probleme mit dem Sprachverständnis hatte. Lars' Eltern wandten sich kurz nach seinem dritten Geburtstag erneut an die Logopädin, die nun von einer Sprachentwicklungsstörung ausging und zu einer logopädischen Behandlung riet. Mittlerweile befindet sich Lars seit ca. zehn Monaten in logopädischer Behandlung und hat große Fortschritte gemacht. Die Eltern von Lars freuen sich über die positive Entwicklung ihres Sohnes, sind aber immer noch sehr besorgt. Sie fragen bei der Therapeutin und beim pädagogischen Fachpersonal der Kindertageseinrichtung nach, ob und wie sie mit Lars zu Hause noch zusätzlich üben können.

In einer Besprechung berichtet die Logopädin dem Team, welche Fortschritte Lars in der letzten Zeit gemacht hat. Er hat seinen Wortschatz erweitert, die Aussprache deutlich verbessert und kann in der Therapiestunde nun einfache Sätze bilden. Große Schwierigkeiten bereiten ihm aber noch alle möglichen Kombinationen mit dem „S-Laut" sowie die Verwendung von Präpositionen. Die Logopädin gibt Hinweise auf den Umgang mit Lars' Sprachstörung, z. B. ihn zum Sprechen anzuregen und zu ermutigen. Gesprächssituationen sollten unbedingt so gestaltet sein, dass er Erfolgserlebnisse hat. Weiterhin stellt sie zwei Spiele für Kleingruppen vor. Diese Spiele unterstützen Lars in seiner sprachlichen Weiterentwicklung, sind jedoch auch für Kinder ohne Probleme interessant. Der Logopädin ist wichtig, dass im Gruppenalltag nicht noch weitere therapieähnliche Situationen entstehen. Betroffene Kinder entwickeln sonst ein zu starkes Problembewusstsein. Deshalb hat sie auch den Eltern von einer zusätzlichen Förderung zu Hause abgeraten, ihrer Meinung nach sind sie ohnehin überfürsorglich und zu stark auf die Problematik ihres Sohnes konzentriert. Marlen, die Erzieherin von Lars, berichtet, dass er im Alltag in wenigen Situationen ganze Sätze spricht, oft bleibt er aber bei einzelnen Wörtern oder Wortkombinationen. Vor allem in emotional belastenden Situationen wie z. B. bei Konflikten fällt er immer wieder auf die Stufe der Einwort-Sätze zurück. Das sei kein Problem und komme häufig vor, kommentiert die Logopädin den Bericht von Marlen.

Ein Ausschnitt eines Tagesverlaufes verdeutlicht, wie das pädagogische Personal mit Lars und seinen Problemen im Gruppenalltag umgeht:

Im Morgenkreis am Montag erzählen die Kinder, was sie am Wochenende gemacht haben. Als Lars den Erzählstein bekommt, ist er aufgeregt, er rutscht auf seinem Stuhl hin und her. Die Kinderpflegerin Sabrina bittet ihn, vom Wochenende zu berichten. Lars beginnt stockend: „Mit Mama und Sandra Swimmbad gegangen, viel swimmen. Dann Fernseher sauen. Onkel Bernd Gesenk bracht." Lars reicht den Erzählstein weiter. Die Kinderpflegerin bedankt sich für den Beitrag, kommentiert die Aktivitäten kurz und wendet sich dem nächsten Kind zu.

Nach dem Morgenkreis gibt es eine Phase „Freispiel". Lars geht mit Markus und Murat in die Bauecke. Markus schlägt vor, eine Stadt zu bauen, die anderen beiden Jungen sind einverstanden. Lars beginnt mit einem Haus. Ihm fehlen noch Fenster, die liegen bei Markus. Er spricht Markus an, zeigt auf die Fenster und sagt „Geben!" Markus fragt nach: „Was willst du?" Lars antwortet: „Für Haus!" Markus gibt ihm eine Tür. Lars schüttelt mit dem Kopf, wartet noch ein bisschen und geht schließlich aus der Bauecke zum Tisch, an dem die Kinderpflegerin sitzt und mit einigen Kindern ein Würfelspiel macht. „Mitspielen", sagt Lars. Sabrina antwortet: „Du möchtest mitspielen? Da musst noch ein bisschen warten, wir sind gleich fertig, dann können wir von vorne anfangen". Lars setzt sich und wartet. Nach wenigen Minuten ist das Spiel beendet und Sabrina beginnt mit Lars und zwei anderen Kindern eine neue Runde.

Nach der Freispielphase ertönt die Klangschale. Elf Kinder gehen heute mit Marlen in den Kunstraum, fünf Kinder bleiben mit Sabrina im Gruppenraum. Die Kinderpflegerin bietet einer kleinen Gruppe regelmäßig eine dialogische Bilderbuchbetrachtung oder ein Handpuppenspiel an. Lars bleibt bei Sabrina in der kleinen Gruppe. Er liebt die Bilderbuchbetrachtungen und Handpuppenspiele. Hier ist die Gelegenheit, in kleinem Rahmen darauf zu achten, dass Lars einfache ganze Sätze spricht und ohne Druck auf seine Aussprache achten kann.

Die Eltern berichten, dass Lars gerne in den Kindergarten geht. Er findet sich inzwischen gut zurecht. Lars kennt den Tagesablauf und macht bei Angeboten mit. Ab und zu versucht er, mit anderen Kindern in Kontakt zu kommen. Er ist aber noch stark an die Erwachsenen, insbesondere an die Kinderpflegerin Sabrina, gebunden.

2.1 Aufgaben und Fragen

Einstiegsübung

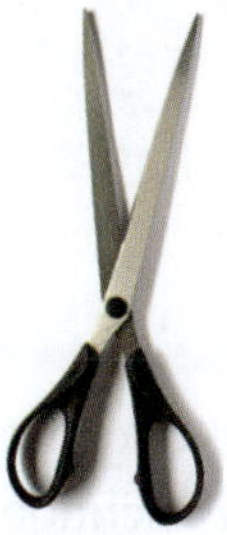

Wählen Sie einen Gegenstand aus, der für Sie den Begriff „Sprache" repräsentiert und erläutern Sie Ihre Gedanken dazu.

Kontextgebundene Reproduktion

1. Die außerordentliche Bedeutung von Sprachkompetenz für die persönliche Entwicklung und die Teilhabe am sozialen und kulturellen Leben ist unumstritten.

1.1 Die meisten Kinder lernen die Sprache ohne besondere Probleme. Beschreiben Sie die normale Sprachentwicklung im Alter von 0 bis 6 Jahren.

1.2 Bei einigen Kindern verläuft der Spracherwerb jedoch nicht völlig störungsfrei. Beschreiben Sie frühe Hinweise auf mögliche Sprachentwicklungsstörungen. Klären Sie in diesem Zusammenhang den Begriff „Late Talkers".

▸ **Kapitel 10.1.4**
▸ **Materialien 1**

1.3 „Sprache haben, ist mehr als sprechen können" lautet die Überschrift eines Artikels in der Fachzeitschrift „Kindergarten heute", in dem es um die Bedeutung der Sprache für die gesamte Entwicklung geht. Erläutern Sie diese Bedeutung. Beziehen Sie sich dabei auch auf die Einstiegsübung.

▸ **Kapitel 10.1.4**

2. In den Bildungsplänen der Bundesländer ist die Zusammenarbeit bzw. Erziehungs- und Bildungspartnerschaft mit Eltern ein wichtiger Aspekt der professionellen Arbeit in Tageseinrichtungen für Kinder.

2.1 Erläutern Sie die Bedeutung der Zusammenarbeit mit Eltern im Allgemeinen und im Hinblick auf Kinder mit Entwicklungsproblemen.
Voraussetzungen für das Gelingen der Zusammenarbeit mit Eltern sind bestimmte Grundhaltungen beim pädagogischen Fachpersonal. Beschreiben Sie diese Haltungen und erläutern Sie die Auswirkungen auf die Zusammenarbeit.

▸ **Materialien 2**

Analyse

1. Ermitteln Sie die in der Lernsituation enthaltenen Ressourcen. Berücksichtigen Sie dabei unterschiedliche Ebenen, wie z. B. Rahmenbedingungen, Kind, Gruppe, Personal, Bezugspersonen, und die Vernetzung mit anderen Institutionen.

2. Zeigen Sie Problemlagen auf, die in der Lernsituation zu erkennen sind.

3. Eine Sprachentwicklungsstörung kann Folgeprobleme für das betroffene Kind und seine Familie mit sich bringen. Beschreiben Sie solche möglichen Probleme und analysieren Sie die Situation im Hinblick darauf.
   ▸ **Kapitel 10.1.4**

Handlungskonzept/Handlungsalternativen

1. Im Umgang mit Kindern, die Probleme beim Spracherwerb haben, ist die Grundhaltung der Eltern bzw. des pädagogischen Personals besonders bedeutsam. Beschreiben Sie drei wichtige Aspekte genauer.
   ▸ **Materialien 3**

2. Entwickeln und begründen Sie drei Ziele für Lars. Beziehen Sie sich dabei nicht nur auf seine Sprachproblematik, sondern berücksichtigen Sie auch weitere Aspekte.

3. Beschreiben Sie für jedes Ziel zwei pädagogische Einflussmöglichkeiten, die Sie in der Integrationsgruppe für sinnvoll halten. Achten Sie im Bereich der Sprache darauf, keine therapeutischen Ansätze zu verfolgen.

4. Entwickeln und begründen Sie zwei Ziele für die Gruppe.

5. Wählen Sie ein Ziel aus und zeigen Sie auf, welche Möglichkeiten Sie sehen, dieses Ziel im Kindergartenalltag umzusetzen.

Meinungsbildung/Stellungnahme

Früher hieß es Elternarbeit, heute geht es um die Zusammenarbeit mit Eltern oder die Gestaltung einer Erziehungs- und Bildungspartnerschaft. Greift hier das Sprichwort: „Alter Wein in neuen Schläuchen"? Beziehen Sie Stellung.

▸ **Materialien 4**

Abschluss

Wie ist Ihnen die Beantwortung der Fragen und die Bearbeitung der Aufgaben gelungen?

- Schreiben Sie die Aufgabenkategorien „Kontextbezogene Reproduktion", „Analyse", „Handlungskonzept" und „Stellungnahme/Meinungsbild" jeweils auf ein DIN-A4-Blatt. Anschließend heften Sie die vier Blätter nebeneinander an eine Pinnwand oder Magnettafel.

- Beantworten Sie nun die Frage, wie Ihnen die Bearbeitung der Aufgaben gelungen ist. Gehen Sie der Reihe nach vor, d. h. beginnen Sie mit der ersten Aufgabe/kontextbezogenen Reproduktion. Verwenden Sie für Ihre Antworten verschiedenfarbige Kärtchen oder Zettel: Grüne Kärtchen für Aufgaben, die Ihnen leicht gefallen sind. Fragen und Aufgaben, die Sie mit einigen Schwierigkeiten gelöst haben, werden auf gelben Kärtchen festgehalten, für problematische Aufgaben wählen Sie rote Kärtchen. Pinnen Sie die Kärtchen unter die entsprechende Kategorie.
- Verfahren Sie genau so mit allen weiteren Fragen in allen Bereichen bzw. Kategorien.
- Werten Sie nun Ihre Antworten aus: Können Sie Schwerpunkte erkennen? Sind bestimmte Bereiche, z. B. Reproduktion oder Analyse, für Sie einfacher zu bewältigen als andere? Verteilen sich Schwierigkeiten auf alle Bereiche?
- Ziehen Sie Konsequenzen aus Ihrer Auswertung und erstellen Sie sich einen Arbeitsplan für weitere Übungsaufgaben.

2.2 Materialien

Materialien 1

Spracherwerbsstörungen
„Vielleicht haben Sie von Eltern schon mal die besorgte Frage gehört: ‚Warum spricht mein Kind noch nicht?‘ Wenn die Kinder ein bis drei Jahre alt sind, ist dies auch für Logopäden eine schwierig zu beantwortende Frage. Wie kann man den Sprachstand eines Kindes erheben, wenn es nicht oder nur wenig spricht?

Hierzu ist es notwendig, die gesamte kindliche Entwicklung zu betrachten, die als Basis für die Entdeckung der Sprache (...) dient. Der verzögerte Sprechbeginn könnte Ausdruck einer insgesamt gestörten Entwicklung des Kindes sein. Während einige Kinderärzte die Eltern mit einem: ‚Das kommt schon noch!‘ nach Hause schicken, stellt diese Aussage die Personen, die das Kind betreuen, nicht zufrieden und die Sorge bleibt. Bei einer Sprachentwicklungsverzögerung sprechen die Kinder. Die Kinder sprechen keine vollständigen Sätze und lassen Wörter im Satz aus oder sie verdrehen den Satz, sodass er in falscher Reihenfolge gesprochen wird (Dysgrammatismus). Manche können die Laute nicht richtig sprechen oder lassen sie im Wort aus (Aussprachestörung) und wieder andere sind im Wortschatz eingeschränkt: Sie kennen und verstehen viele Begriffe nicht bzw. ordnen sie falsch zu oder sie sprechen immer wieder nur die gleichen wenigen Worte (Störung des Sprachverständnisses, eingeschränkter Wortschatz). Diese vier sprachlichen Ebenen können jeweils isoliert oder gemeinsam betroffen sein.

Die Beunruhigung der Bezugspersonen bezieht sich häufig nicht nur auf das fehlende ‚Sprachgut‘ des Kindes – viele Eltern beobachten auch, dass es sich schlecht alleine beschäftigen kann, nicht ‚gut‘ spielt und ängstlich, schüchtern oder zu draufgängerisch ist. Auch die Konzentration, sich länger mit einer Sache zu beschäftigen, kann eingeschränkt sein.

Kleine Kinder mit Spracherwerbsstörungen haben in der Symbolspielentwicklung häufig Schwierigkeiten, das Resultat ihres Spiels zu beachten und diesem eine Bedeutung zu geben. Das Spontanspiel besteht oft aus rein funktionalen, sich immer wiederholenden Handlungen (z. B. Autos in einer langen Reihe aufstellen). Entweder kann das Kind schlecht alleine spielen oder es kann sich zwar selbst beschäftigen, gibt seinem Tun aber keine symbolische Bedeutung, bspw. sind Papierschnipsel Schnee.

Nach Hannelore Grimm ist es ein sicheres Zeichen für eine frühe Spracherwerbsstörung, wenn Kinder mit drei Jahren noch keine 100 Wörter sprechen. Diese Kinder sind stiller als andere, sprechen nur wenige Nomen und Verben, können sich nicht gut ausdrücken und haben eine ausgeprägte Artikulationsstörung. Kinder, die später als mit 13 Monaten zu sprechen beginnen, werden in ‚Late-Talker' (‚Spätsprecher') und in ‚Late-Bloomer' (‚Spätblüher') unterschieden. ‚Late-Talker' sind Kinder, die mit zwei Jahren noch keine 50 Wörter sprechen. Sie bilden in der Regel keine Mehrwortsätze. Mit drei Jahren ist ihr aktiver Wortschatz unter 100 Wörtern und sie verwenden keine geformten Mehrwortäußerungen. Anstatt der Verbzweitstellung im Aussagesatz verwenden sie die Verbendstellung. Dies sind Anzeichen für eine frühe Spracherwerbsstörung. 36 bis 50 % dieser Kinder werden zu ‚Late-Bloomern', d. h. sie holen mit 36 Monaten den sprachlichen Rückstand von alleine auf. Das ist die Gruppe, auf die sich viele Kinderärzte mit ihrer Aussage: ‚Das kommt schon noch!' beziehen. Wenn man es genau betrachtet, sind es aber nur die Hälfte oder weniger als die Hälfte der ‚Late-Talker', die ohne Sprachtherapie den sprachlichen Rückstand aufholen. Die anderen 50 % laufen ohne fachliche Diagnostik und Therapie Gefahr, eine Spracherwerbsstörung auszubilden.

Durch ein reduziertes Spiel- und Aufmerksamkeitsverhalten haben die betroffenen Kinder häufig auch Probleme im Spiel mit anderen. Im Kindergarten fällt auf, dass sich andere Kinder wenig an sprachlichen Ausdrucksproblemen eines Kindes stören. Wenn dieses aber nicht adäquat spielen und sich nicht angemessen verhalten kann, wird es zum Außenseiter und in der Gruppe nicht akzeptiert. Dadurch können sich Verhaltensprobleme beim betroffenen Kind entwickeln. (...)

Da ein Kindergartenalltag zum großen Teil aus wiederkehrenden Handlungen und Abläufen besteht, fallen Kinder mit Sprachverständnisproblemen nicht immer auf. Oft haben diese bereits Strategien entwickelt, wie sie ihre Sprachstörung kompensieren können. Wir hören von Erzieherinnen und Eltern dann häufig die Aussage: ‚Das Kind versteht alles, nur spricht es nicht (viel).' Diese Äußerung ist kritisch zu hinterfragen, denn es ist wahrscheinlich, dass sich das Kind spezieller Kompensationsstrategien bedient:

Ja-Sagen:
Alle Äußerungen werden vom Kind mit: ‚Ja!' beantwortet, was den kommunikativen Austausch häufig aufrechterhält. Ein ‚Nein!' würde beim Gegenüber eine andere Reaktion auslösen und es würde eher auffallen, dass das Kind etwas nicht verstanden hat. Nach Zollinger sind ‚Ja-Sager' häufig Kinder mit einem gestörten Sprachverständnis.

Schlüsselwortinterpretationen:
Das Kind orientiert sich an einzelnen Worten, die es versteht, und handelt danach. Es erfasst dabei jedoch nicht zwingend den Sinn eines ganzen Satzes, was zu Missverständnissen und Unsicherheiten beim Kind und beim Kommunikationspartner führen kann.

Passepartout-Wörter:
Das Kind verwendet die immer gleichen Wörter, die zwar passen, aber nicht differenzieren: da, dort, tun, Ding ...

Phrasen:
Die Sätze des Kindes bestehen aus Phrasen (‚Floskeln'), die immer wieder eingesetzt werden: machen wir, wart mal ...

Eine Spracherwerbsstörung zeichnet sich durch eine Störung in mindestens einem der vier Bereiche aus:

- Das Sprachverständnis ist eingeschränkt.
- Der Wortschatz ist reduziert.
- Die Grammatik ist fehlerhaft, so ist beispielsweise die Satzbildung sehr einfach. Das Kind verwendet lediglich kurze Sätze (keine oder wenig Nebensätze), oder die Reihenfolge der Wörter im Satz ist nicht korrekt. Es kann außerdem zu Auslassungen von Wörtern kommen.
- Eine Aussprachestörung kann hinzukommen – das muss aber nicht immer der Fall sein: Die Aussprache ist undeutlich bzw. schlecht zu verstehen und es kann zu Artikulationsfehlern kommen."

Quelle: Mannhard, Anja/Scheib, Kristin: Was Erzieherinnen über Sprachstörungen wissen müssen, 2. Auflage, München/Basel: Ernst Reinhardt Verlag, 2007, S. 25 ff.; gekürzt

Materialien 2

Wissen um systemische Denk- und Arbeitsansätze
„In der Kindertageseinrichtung treffen die Systeme ‚Familie' und ‚Einrichtung' aufeinander. Gemeinsam ist beiden Systemen das Ziel, die bestmögliche Erziehung und Bildung der Kinder zu gestalten. Eine spannende Dynamik entsteht, denn nicht immer stimmen die Wege zu diesen Zielen überein. Aus der Sicht der pädagogischen Fachkräfte ist manches Handeln der Eltern unverständlich, wird vielleicht sogar abgelehnt. Eltern ihrerseits fühlen sich missverstanden, nicht ernst genommen. Hier kann Wissen um systemische Denk- und Arbeitsansätze für das professionelle Handeln hilfreich sein. Systemisches Denken geht von der Überzeugung aus, dass jede Handlung und jedes Verhalten aus der Perspektive des Handelnden einen Sinn erfüllen, auch wenn sie möglicherweise für die aktuelle Situation unangemessen sind. Systemische Denk- und Arbeitsansätze können den pädagogischen Alltag bereichern und erleichtern.

Praxisbeispiel
Der kleine Philipp (4 Jahre) will voller Stolz in Anwesenheit seines Erziehers der Mutter erzählen, was er in der Bauecke Tolles geleistet hat. Die Mutter sieht ein unförmiges Gebilde vor sich, bei dem unterschiedlich große, dicke und dünne Holzscheite mit zum Teil krummen Nägeln zusammengehalten oder zusammengeklebt sind. An manchen Stellen hängen dicke Tropfen Kleber, andere Teile sind mit Tesafilm umwickelt. Der Mutter ist dieses in ihren Augen ‚unschöne' Werkstück ihres Kindes unangenehm. Dem Redeschwall ihres Sohnes begegnet sie mit einem wirschen ‚Tu Dich nicht so hervor!'

Ein systemisches Verständnis geht davon aus, dass alle Eltern für sich und ihre Kinder das Bestmögliche wollen, auch wenn sie – wie im Praxisbeispiel – oftmals zerstörerisch oder unklug handeln. Den Eltern, die ihr Kind nicht fördern und stützen oder sogar schaden, seitens der pädagogischen Fachkraft mit Abwertung und Verurteilung zu begegnen, ist zwar emotional verständlich, verhindert aber zugleich ein konstruktives und auf Veränderung abzielendes Zugehen auf diese Eltern. Veränderung, Entwicklung und Wachstum – auch von Eltern – sind aber in einer Atmosphäre des Zutrauens und der Akzeptanz viel leichter möglich. Statt einer Schuldzuschreibung – ‚Die Mutter geht schlecht mit ihrem Kind um!' – geht eine systemische Perspektive auf die Suche nach einem möglichen Sinn der Handlung der Mutter. Denn auch die Beobachter von Wirklichkeiten geben dem Wahrgenommenen ihren eigenen subjektiven Sinn: Wirklichkeiten werden konstruiert. Entsprechend besteht die Möglichkeit, dem Beobachteten nicht nur die augenfällige Erklärung zuzuschreiben, sondern es in einem neuen Rahmen und veränderten Bedeutungen zu sehen: Wirklichkeiten werden rekonstruiert. Es können Hypothesen gebildet werden: In welchem Zusammenhang könnte das beobachtete Verhalten sinnvoll sein? Was mag die Mutter dazu bewogen haben, sich in dieser Situation so zu verhalten?

Systemisch denkende und handelnde Praktikerinnen und Praktiker sagen: Hypothesen zu bilden hilft, Probleme zu erweichen und Sichtweisen zu erweitern. Das erweitert die eigenen Handlungsmöglichkeiten und lässt Hilflosigkeit überwinden.

Im Beispiel von Philipp und seiner Mutter könnten folgende Hypothesen den Blick des Erziehers weiten:

- Hypothese 1: Philipps Mutter möchte nicht, dass ihr Sohn ausgelacht wird wegen seines in ihren Augen unschönen Objekts; sie möchte ihn vor einer Blamage beschützen.
- Hypothese 2: In der Familie von Philipp dürfen sich Kinder nicht hervortun, sie müssen im Hintergrund bleiben. Philipps Mutter hat Angst, dass er sich nicht an diese familiären Regeln halten wird, wenn er in der Kita so ausgelassen ist.
- Hypothese 3: Philipps Mutter spürt, dass ihr Kind etwas ganz Besonderes erlebt hat, aber sie versteht nicht, was an diesem Objekt besonders sein soll. Sie weiß nicht damit umzugehen.

Aus möglichen Hypothesen entstehen neue Handlungsimpulse. Die pädagogische Fachkraft bleibt nicht in ihrer Zuschreibung und ihrem Urteil ‚Die Mutter geht schlecht mit ihrem Sohn um' stecken, sondern kann Zugänge zur Mutter suchen. Dabei liegt die Betonung auf dem Suchen, auf dem aktiven Prozess einer Erforschung des Gegenübers. Jede Hypothese bedarf der Überprüfung – es geht nicht um schnelles Finden. In diesem Miteinander werden Eltern Zugänge zum Erleben ihres Kindes eröffnet, zugleich erhält die pädagogische Fachkraft die Chance, Verhaltenshintergründe zu verstehen.

Respektvolle Haltung und Wertschätzung

Wesentliches Merkmal einer Haltung, die zum Gelingen einer Bildungs- und Erziehungspartnerschaft beiträgt, ist die grundsätzliche Achtung der Fachkraft vor dem Erziehungsauftrag der Eltern. Dazu gehört, dass das Team der Kindertageseinrichtung den Eltern Respekt und Wertschätzung entgegenbringt. Eltern übernehmen für ihre Familie Verantwortung, und zwar auf eine ihnen eigene Weise. Familie verantwortlich zu leben, ist eine täglich neue Herausforderung; die Forschung spricht nicht umsonst von einer permanent zu erbringenden Herstellungsleistung (‚Doing Family'). Die Familie ist ein zentrales Strukturelement unserer Gesellschaft: Sie erbringt durch ihren Einsatz in der Arbeitswelt Leistungen für die Wirtschaft und Gesellschaft, sie produziert ‚Humanvermögen', durch Sorge für den Nachwuchs, leistet private Fürsorge z. B. im Pflegebereich und stiftet sozialen Zusammenhalt. Für all dieses tragen Eltern maßgeblich Verantwortung und bringen sich ein. Respekt und Wertschätzung zeigen den Eltern zudem, dass ihnen ein Recht auf Anderssein zuerkannt wird. Das bedeutet jedoch nicht, dass die pädagogische Fachkraft gegenüber dem Erziehungsverständnis oder den Wertvorstellungen der Eltern gleichgültig sein soll oder sein wird. Der Respekt – und auch die Toleranz – vor dem Anderssein des Gegenübers setzen das Wissen und den Respekt vor der eigenen Wertüberzeugung voraus.

Respekt und Wertschätzung dem Gesprächspartner und der Gesprächspartnerin entgegenzubringen, kann zu einer sehr aktiven Leistung und Herausforderung für die pädagogische Fachkraft werden. Wie sollen Respekt und Wertschätzung gelingen, wenn man sein Gegenüber möglicherweise im wahrsten Sinne des Wortes ‚nicht riechen' kann? Wie, wenn das Gegenüber respektlos mit seiner Umgebung und damit auch dem Team der Kindertageseinrichtung umgeht? Es hilft hier, sich bewusst zu machen, dass eine professionelle Haltung eine Leistung darstellt, die aktiv hervorzubringen und nicht als gegeben anzusehen ist. Die aktive Leistung besteht darin, dem anderen zu begegnen und ihm nicht auszuweichen, seine Beweggründe zu erforschen, seine Ressourcen zu ergründen und diese wertschätzend in den Vordergrund zu stellen. Diese dialogische Haltung und die mit ihr verbundenen Methoden bieten professionelles Handwerkszeug, das im Alltag der pädagogischen Fachkräfte zum Einsatz kommen und eine Unterstützung bieten kann.

Ressourcenorientierte Haltung

Eine ressourcenorientierte Haltung nimmt die Stärken und Fähigkeiten des Gegenübers in den Blick. Dabei kommt es zugleich auf die Bereitschaft an, zu hinterfragen, was eine Stärke und was eine Schwäche überhaupt ist. Und damit verbunden: Eine Schwäche kann, aus einer anderen Perspektive betrachtet oder in einen anderen Zusammenhang gestellt, eine bedeutsame Stärke sein. Wahrnehmungspsychologisch sicher ist: Wer Stärken wahrnimmt und kommuniziert, stärkt die Entwicklung von Stärken. Stärken zu stärken ist also die beste Förderstrategie. Die Ressourcenorientierung, also Stärken und Fähigkeiten im anderen zu sehen und diese hervorzuheben, kennzeichnet einen Paradigmenwechsel in der Pädagogik, der in der Frühpädagogik weitgehend und im schulischen Bereich beginnend zur grundlegenden Praxis wird. Die positiven Auswirkungen bestätigen diesen Ansatz:

- Kinder ebenso wie Erwachsene werden neu wahrgenommen.
- Gespräche werden konstruktiver.
- Menschen, die in ihren Stärken gesehen werden, gewinnen Selbstbewusstsein.
- Werden die Stärken gesehen, fällt es viel leichter, auf die Schwächen zu schauen und diese – möglicherweise durch die wahrgenommenen Stärken – zu überwinden.

Der ressourcenorientierte Blick der pädagogischen Fachkraft auf das Kind rührt Eltern vielfach an und ermutigt sie, das eigene Kind gegebenenfalls in einem anderen Licht zu sehen. Entwicklungsgespräche, die auf einer stärkenorientierten Beobachtung und Dokumentation beruhen und stärkenorientiert geführt werden, führen dazu, dass sich alle Beteiligten auf den Austausch und die Informationen über das Kind freuen. Aber genauso wie der Blick auf das Kind stärkt der ressourcenorientierte Blick der pädagogischen Fachkraft auf die Eltern das Gefühl der Wertschätzung und des Respekts und ermöglicht eine größere Offenheit der Eltern.

In einer Kindertageseinrichtung, deren Fachkräfte sich in einer konzeptionell verankerten ressourcenorientierten Haltung üben, werden die vielfältigen Situationen und Anlässe mit Kindern und Eltern, aber auch die in der Einrichtung zum Einsatz kommenden Methoden und Instrumente einer kritischen Reflektion unterzogen, ob sie dem stärkenorientierten Ansatz entsprechen. Der bewusste Blick auf die Stärken des Gegenübers – ob Kind oder Erwachsener – wirkt zudem zurück auf die pädagogische Fachkraft: Die eigene Entwicklung wird gefördert, die Kreativität gestärkt und damit die berufliche Motivation erhalten."

Quelle: Roth, Xenia: Handbuch Bildungs- und Erziehungspartnerschaft, Freiburg im Breisgau: Herder Verlag, 2010, S. 29 ff.

Materialien 3

Wie man sprachgestörte Kinder in ihrer Kommunikation fördern kann

„Inhalt:
Nachdem das Sprechenlernen als ein Prozess beschrieben wird, der in der Regel „wie von selbst" abläuft, ohne dass wir Erwachsene ihn steuern müssten, wird auf die Notwendigkeit verwiesen, die immer nötig ist, wenn deutliche Abweichungen in der Sprachentwicklung vorliegen. Anschließend werden Prinzipien beschrieben, die eine sinnvolle Sprachförderung im alltäglichen Umgang mit dem Kind erlauben.

Ziel:
Mithilfe dieser Informationseinheit sollen Eltern, interessierte Laien und Fachleute Anregungen für den Umgang mit sprachauffälligen Kindern erhalten. Neben der Vermittlung von konkreten Handlungshilfen zur Sprachförderung sollen auch günstige Erziehungseinstellungen thematisiert werden. (...)

Hören Sie dem sprachgestörten Kind aufmerksam zu
Wirkliches Zuhören bewirkt, dass Sie das Kind in Ruhe wahrnehmen und sich auf seine Äußerungen einlassen können. Wer zuhört, muss Abstand nehmen von dem Impuls, selbst reden zu wollen, sich selbst darzustellen und etwas Bestimmtes zu tun. Wer zuhört, ist beim Kind und nicht bei sich, ist offen für die Impulse des Kindes und nicht mit eigenen Gedanken und Gefühlen beschäftigt. Sprachgestörte Kinder brauchen gute Zuhörer, um zu erleben, dass die Menschen offen sind für ihre Kommunikation und dass ihre Sprechbemühungen Interesse auslösen. Sprachgestörte Kinder brauchen das, um den schwierigen Prozess des Sprechenlernens immer wieder mit Freude in Angriff nehmen zu können.

Schauen Sie das Kind an, wenn Sie mit ihm sprechen oder wenn es Ihnen etwas sagen möchte
Die deutlichste Form, Gesprächsbereitschaft zu zeigen, ist der Blickkontakt. Wenn Sie das Kind anschauen, signalisieren Sie ihm, dass Sie ein Interesse haben, mit ihm zu reden bzw. zu verstehen, was es Ihnen sagen möchte. Der Blickkontakt ist wie eine Brücke, auf der sich zwei Menschen aufeinander zu bewegen und sich begegnen. Außerdem braucht das Kind, wenn es noch sehr klein ist, den Blickkontakt, um Ihre Äußerungen anhand der begleitenden Mimik und Gestik leichter verstehen zu können und um sich Lippen- und Mundpositionen für eine richtige Aussprache ‚abzugucken'.

Führen Sie Selbstgespräche
Begreifen Sie sich als Sprachvorbild! Das sprachgestörte Kind braucht Sprachanregungen. Es lernt sprechen, indem es die Lautäußerungen seiner Umwelt nachahmt. Ihr eigenes Sprechen hat dabei große Bedeutung:

- Beschreiben Sie in Gegenwart des Kindes, was Sie sehen, zum Beispiel: ‚Der Ball ist rot', ‚Hier ist dein Hemd', ‚Der Löffel liegt auf dem Tisch'.
- Kleiden Sie das, was Sie tun, in Worte, zum Beispiel: ‚Ich nehme den Ball', ‚Ich rühre die Milch um'.
- Kommentieren Sie die Situation, zum Beispiel: ‚Das Hemd lässt sich so nicht anziehen. Ich muss erst den Knopf aufmachen', ‚Die Milch ist noch zu heiß zum Trinken'.

Warnung: Lassen Sie sich und dem Kind sprachfreie Räume. Selbstgespräche sollten nicht ständig und überall geführt werden – das versteht sich von selbst.

Nehmen Sie auch Äußerungen mit Sprachstörungen unbefangen an
Wenn Sie die Äußerungen des Kindes verstehen, egal wie unvollkommen sie noch sind, gehen Sie positiv darauf ein. Reagieren Sie auf den Inhalt, nicht auf die noch fehlerhafte Form. Das Kind lernt durch das eigene Sprechen. Je mehr Sprechfreude es besitzt, desto mehr wird es sein Sprechen üben und verbessern können. Erwachsene, die sich abwenden oder befangen reagieren, bremsen das Kind bei seinen spontanen Sprechbemühungen, lassen es selbst befangen und vorsichtig beim Sprechen werden. (...)

Wiederholen Sie selber korrekt, was das Kind nicht richtig gesagt hat
Das im Folgenden beschriebene Verfahren ist im Rahmen der Sprachförderung von großer Bedeutung und wird von Sprachtherapeuten systematisch angewandt. Aber auch Eltern und pädagogische Fachkräfte verwenden diese Methode häufig ganz spontan, ohne dass sie sie jemals zu lernen brauchten. Es geht dabei darum, die ‚unvollkommene' bzw. ‚fehlerhafte' Äußerung des Kindes richtig zu wiederholen, und zwar unmittelbar nachdem das Kind diese Äußerung beendet hat. Dann erst führt der Erwachsene den Dialog fort.

Beispiel
Kind: *‚Miti weh tan.'*
Mutter: *‚Oh, die Mietzi hat dir wehgetan?'*
Kind: *‚Ja!' (krümmt die Finger und zeigt die Zähne)*
Mutter: *‚Auweia, hat gefaucht und die Krallen gezeigt?'*
Kind: *‚Ja, Hand haut.'*
Mutter: *‚Sie hat dir auf die Hand geschlagen, mit ihren Krallen?'*
Kind: *(nickt) ‚Butet dol!'*
Mutter: *‚Oh, du Arme! Da ist das Blut zu sehen. Komm, wir machen ein Pflaster drauf.'*

Die sprachlich richtige Wiederholung des Erwachsenen soll ‚beiläufig' erfolgen, darf nicht künstlich und aufgesetzt wirken. Dazu ist es wichtig, nicht an der sprachlichen Form des Kindes ‚kleben zu bleiben' und ständig nur die verbesserte Wiederholung einzusetzen. Sie sollte vielmehr in den Sinnzusammenhang eingebettet und durch andere Äußerungen ergänzt werden.

Quelle: Wendlandt, Wolfang: Sprachstörungen im Kindesalter. Materialien zur Frühförderung und Beratung, Stuttgart, Thieme Verlag, 2000, S. 61 ff.; gekürzt

Materialien 4

Von der Elternarbeit zur Bildungs- und Erziehungspartnerschaft
„Früher hieß es Elternarbeit, heute geht es um die Gestaltung einer Bildungs- und Erziehungspartnerschaft. Was ist der Unterschied? Was ist neu oder anders?

Elternarbeit wurde überwiegend als Anhängsel der kindbezogenen Arbeit verstanden. Jedes Kind, dem der pädagogische Alltag zuteil wurde, hatte eben auch noch Eltern, die man ergänzend mit in den Blick nahm. Elternarbeit war häufig nicht viel mehr als die verordnete Unterrichtung der Eltern über den Stand der Dinge: Termine der Kindertageseinrichtung, eher spontane unregelmäßige Rückmeldungen zur Entwicklung des Kindes, allgemeine Hinweise für alle Eltern. In diesem Sinne war traditionelle Elternarbeit über lange Zeit tatsächlich ein Stiefkind der Pädagogik. Schon der Begriff „Elternarbeit" lässt offen, ob die pädagogischen Fachkräfte an den Eltern arbeiten oder ob die Eltern für die pädagogischen Fachkräfte Einsatz zeigen. Elternarbeit als Engagement für die Einrichtung zeigt sich z. B. in der Mitarbeit beim Sommerfest oder bei handwerklichen Einsätzen.

Wenn die pädagogischen Fachkräfte ihrerseits mit oder an den Eltern arbeiten, zeigt dies deutlich eine asymmetrische Beziehung auf: Eltern werden zu Objekten einer Tätigkeit, die man an ihnen verrichtet. Im Begriff der Elternarbeit findet sich zudem der nicht selten zu beobachtende Drang der pädagogischen Fachkräfte wieder, die Eltern zu erziehen, manchmal verbunden mit dem unbewussten Wunsch, den Kindern andere Eltern angedeihen zu lassen.

Demgegenüber drückt der Begriff der Bildungs- und Erziehungspartnerschaft eine Begegnung der Beteiligten auf Augenhöhe aus. Angestrebt wird eine symmetrische Beziehung, in der die Eltern zusammen mit den pädagogischen Fachkräften Subjekte gemeinsamen Handelns am Kind sind. Im Wissen um die geteilte Verantwortung für das Kind gestalten Kindertageseinrichtung und Eltern in gemeinsamer Abstimmung und in der Ausrichtung auf ähnliche Ziele die Erziehungs- und Bildungsthemen des Kindes, ohne dass damit die grundsätzliche Erziehungsverantwortung der Eltern infrage gestellt wird. Kooperation vollzieht sich somit auf der Grundlage eines gleichberechtigten Dialogs. Es geht darum, die Eltern so zu nehmen, wie sie sind. Ursächlich für diesen Perspektivenwechsel, der sich aus dem veränderten Verständnis der Bildungs- und Erziehungspartnerschaft gegenüber der Elternarbeit ergibt, ist das Wissen um die große Bedeutung der sich gegenseitig respektierenden Haltung von Eltern und pädagogischen Fachkräften für das Kind. Denn für das Kind sind die Eltern – wie immer sie sich ihm gegenüber auch verhalten mögen – die wichtigsten Personen.“

Quelle: Roth, Xenia: Handbuch Bildungs- und Erziehungspartnerschaft, Freiburg im Breisgau: Herder Verlag, 2010, S. 17 f.

TIPPS zum Weiterlesen

- Mannhardt, Anja/Scheib, Kristin: Was Erzieherinnen über Sprachstörungen wissen müssen, München/Basel: Ernst Reinhardt Verlag, 2. überarb. Aufl., 2007.

- Prott, Roger/Hautmann, Annette: 12 Prinzipien für eine erfolgreiche Zusammenarbeit von Erzieherinnen und Eltern, Berlin: Verlag des Netz, 2007.

3 Lernsituation Lukas

Arbeitsfeld Hort – Themen: Beobachtung/Gruppe

Lukas, 6 Jahre und 4 Monate, besucht seit zwei Monaten die erste Klasse der Grundschule und geht seitdem in den Hort, der in unmittelbarer Nachbarschaft der Schule liegt. Der Junge lebt mit seinen Eltern und seiner fünf Monate alten Schwester im Schulsprengel. Er ist körperlich seinem Alter angemessen entwickelt, sein äußeres Erscheinungsbild ist sehr gepflegt.

Lukas verfügt über einen überdurchschnittlich großen Wortschatz, drückt sich klar und gewählt aus. Er interessiert sich sehr für Musik und möchte ein Instrument lernen. Lukas kann sich gut alleine beschäftigen, z. B. in der Bauecke. Dort ist er aber auch häufiger mit Johannes zu sehen, mit dem er sich in den letzten Wochen etwas angefreundet hat.

Lukas hat eine relativ niedrige Frustrationstoleranz. Wird er beispielsweise beim Ballspiel in der Turnhalle abgeworfen und muss ausscheiden, dann setzt er sich zwar auf die Bank, schimpft aber, dass das nicht fair sei. Korrigieren die pädagogischen Fachkräfte sein Verhalten, reagiert er beleidigt oder manchmal auch wütend.

In Situationen mit der ganzen Gruppe wie beim Mittagessen, in Gesprächskreisen oder in der Hausaufgabensituation spielt er häufig den Clown, sodass die anderen Kinder über ihn lachen. Wenn er dies bemerkt, freut er sich über die Aufmerksamkeit der Kinder und fängt selbst an zu lächeln. Inzwischen hat er den Bogen aber überspannt. Immer mehr Kinder sind genervt von seinem Verhalten und meiden den Kontakt mit ihm.

Heute verlief die Hausaufgabensituation erneut so, dass Lukas den Clown spielte und vor lauter Ablenkung nicht dazu kam, seine Hausaufgaben ordentlich zu erledigen. Folgende Verhaltensweisen hat die Kinderpflegerin beobachtet:
Lukas kommt in den Hausaufgabenraum, singt und läuft zwischen den Tischen umher. Er wird von der Kinderpflegerin aufgefordert, sich auf seinen Platz zu setzen, seine Sachen herauszusuchen und mit den Hausaufgaben zu beginnen. Daraufhin holt er seine Hefte heraus, wedelt damit herum, lässt sie fallen und wirft sich auf den Boden, um sie aufzuheben. Dann setzt er sich seitlich auf den Stuhl, das eine Bein hat er angewinkelt, das andere hängt herunter. Lukas hat noch nicht wirklich mit den „Hausis" angefangen, da fragt er die Kinderpflegerin, ob er auf die Toilette gehen darf. Das wird ihm erlaubt. Beim Hinausgehen vergisst er, die Türe zu schließen. Als er zurückkommt, macht er laute Geräusche und wird erneut ermahnt, mit den Hausaufgaben zu beginnen. Nun rollt er mit den Augen, wirft sich auf den Stuhl, fängt aber doch an.

Nach ca. zehn Minuten hat er seine Mathe-Hausaufgabe fertig und schüttelt seinen Arm aus, wobei er gleichzeitig jammert. Er steht auf und fängt an Rocklieder zu singen, nimmt sein Sitzkissen in die Hand und spielt damit Luftgitarre. Er wird erneut ermahnt und antwortet: „Schade, ich wollte doch gerade abrocken!" Einige Kinder lachen, die meisten sind aber genervt, Paul sagt: „Hör endlich auf mit dem Quatsch."

Als er um 16:00 Uhr von seinem Vater abgeholt wird, ist er immer noch nicht fertig. Der Vater ist nicht begeistert, dass Lukas zu Hause noch weiterarbeiten muss.

3.1 Aufgaben und Fragen

Einstiegsübung

Nehmen Sie sich für die folgende Übung ca. 20 Minuten Zeit für die Überlegungen und halten Sie wesentliche Erkenntnisse bzw. Ereignisse schriftlich fest.

Gehen Sie in Gedanken zurück in Ihre Praktikumsstelle. Halten Sie Ausschau nach einer Situation, in der ein Kind schwierige Verhaltensweisen zeigte.
Was hat die Situation ausgemacht? Welche Kinder waren beteiligt? Beschreiben Sie die Verhaltensweisen, die problematisch waren, genauer. Wie haben Sie sich gefühlt? Beschreiben Sie Ihre Reaktionen auf das Verhalten. Hatte Ihr Eingreifen einen Effekt, wenn ja welchen? Hatte Ihr Eingreifen kaum Effekt, wenn ja, warum nicht?

Überlegen Sie nun, welche erwünschten Verhaltensweisen das Kind gezeigt hat bzw. wie es sich verhält, wenn es gerade keine problematischen Verhaltensweisen zeigt. Bedenken Sie Ihre Reaktionen auf diese Situationen.

Vergleichen Sie Ihre Ergebnisse mit einer anderen Schülerin bzw. Praktikantin und ziehen Sie ein Fazit aus der Übung.

Kontextbezogene Reproduktion

1. Beobachtung ist die Grundlage für erzieherisches Planen und Handeln.

1.1 Erläutern Sie, welchen Gewinn Beobachtungen für die erzieherische Tätigkeit bringen, insbesondere im Umgang mit Kindern, die schwierige Verhaltensweisen zeigen.
- **Kapitel 4.1 und 4.4**
- **Materialien 1**

1.2 Häufig unterlaufen uns sogenannte Beobachtungsfehler. Beschreiben Sie solche möglichen Fehler. Beziehen Sie sich dabei auch auf die Erfahrungen aus der Einstiegsübung.
- **Kapitel 4.2.2**

1.3 Erläutern Sie Möglichkeiten, Beobachtungsfehler zu vermeiden.
- **Kapitel 4.3**

2. Der Mensch als soziales Wesen ist auf Beziehungen zu seinen Mitmenschen angewiesen, d. h. er verbringt einen Großteil seiner Zeit in Gruppen.

2.1 Lukas gehört verschiedenen Gruppen an, u. a. der Hortgruppe. Beschreiben Sie die Kennzeichen dieser Gruppe. Unterscheiden und begründen Sie dabei auch, ob es sich bei der Hortgruppe um eine Primär- oder Sekundärgruppe handelt.
- **Kapitel 11.1.1 bis 11.1.3**

2.2 Für die Entwicklung von Kindern ist es wichtig, verschiedenen Gruppen anzugehören. Erläutern Sie die Bedeutung der Gruppenzugehörigkeit anhand der Lernsituation.
- **Kapitel 11.1.3 bis 11.1.5**

2.3 In einer Gruppe gibt es verschiedene Positionen, Rollen und Werte. Erläutern Sie die Begriffe und beziehen Sie die Erkenntnisse auf die Lernsituation.
- **Kapitel 11.2.2 und 11.2.3**

Analyse

1.1 Problematisches Verhalten kann verschiedene Ursachen haben. Im Fall von Lukas spielt das Lernen durch Verstärkung eine wesentliche Rolle.
Erklären Sie die Entstehung des Verhaltens mithilfe dieser Lerntheorie.
- **Kapitel 7.2 und 7.2.1**
- **Materialien 2**

1.2 Beschreiben Sie mögliche Folgen, die das Verhalten von Lukas haben könnte, wenn das pädagogische Personal nicht eingreift.
Erläutern Sie Ihren Standpunkt.

1.3 In der Lernsituation werden weitere Problemlagen deutlich. Ermitteln Sie diese und begründen Sie Ihre Auffassung.

2. Ermitteln Sie die Ressourcen, die in der Lernsituation zu erkennen sind. Beziehen Sie sich dabei auf Lukas und die Gruppe.

Handlungskonzept

1. Formulieren und begründen Sie je zwei Ziele für Lukas und die Gruppe.

2. Zeigen Sie auf, wie Sie diese Ziele in der Praxis umsetzen können. Beziehen Sie sich dabei auf die oben beschriebenen lerntheoretischen Erkenntnisse.

3. Wählen Sie ein Ziel aus und zeigen Sie eine sinnvolle Möglichkeit, wie Sie in der Praxis überprüfen können, ob Sie das ausgewählte Ziel erreicht haben.

Meinungsbildung/Stellungnahme

Kinder, die sich wie Lukas verhalten, fallen aus dem Rahmen, fallen auf – kann man sie deshalb als „auffällig" oder „gestört" bezeichnen? Erläutern Sie Ihren Standpunkt.

▸ Materialien 3

Abschluss

Reflektieren Sie die Bearbeitung der Aufgaben und vervollständigen Sie folgende Sätze:

Deutlich wurde mir … ______________________

Mehr wissen möchte ich … ______________________

Gelernt habe ich … ______________________

Eine Schwierigkeit bestand darin … ______________________

Was ich noch sagen möchte … ______________________

3.2 Materialien

Materialien 1

„Was habe ich davon? Der Nutzen von Beobachtungen (…)

Spielzeug und Material beurteilen

Die Erzieherin kann Spielzeug und Material besser beurteilen und erhält entscheidende Hinweise zur Raumgestaltung. Die pädagogische Beurteilung von Spielzeug, Geräten und Material hängt in erster Linie davon ab, was die Kinder damit anfangen. Was sie wert sind, lässt sich nur durch Beobachtung erfahren.

Auch für die Raumgestaltung gilt, dass sich zwar manches zunächst am grünen Tisch planen lässt, letztlich jedoch erst das Verhalten der Kinder mögliche Fehleinschätzungen und falsche

Erwartungen deutlich macht. Ein Extrembeispiel: „Puppenecke und Bauteppich lagen – zwar durch einen Schrank getrennt – direkt nebeneinander. Häufig entstanden hier Reibereien unter den Kindern, weil die verschiedenen Spielgruppen sich in ihren Aktivitäten gegenseitig behinderten; fast täglich gab es Ärger unter den Kindern, die bastelten und malten, weil die Größe des Tisches, an dem in der Regel gemalt wurde, zu klein war; die spielenden Kinder in der Puppenecke wurden oft gestört, weil die Malutensilien im Raumteilerschrank in der Puppenecke untergebracht waren; der Schrank mit den Tischspielen musste immer mit ständigem ‚Nörgeln' meinerseits aufgeräumt werden, weil die Kinder alle Spiele regelrecht in den Schrank ‚reinquetschten' (...).

Beziehungen verändern sich

Durch intensive Beobachtung verändern sich die Beziehungen zwischen Erzieherin und Kindern. Eine intensive Beobachtung ist keine sterile Informationssammelaktion; sie kann ein neues und belebendes Element in der Beziehung zwischen Erzieherin und Kind darstellen, wie ein Erfahrungsbericht von S. Heck zeigt: Im Verlauf eines Projekts wurden Erzieherinnen gebeten, von bestimmten ‚Problemkindern' über 15 Tage hinweg möglichst detaillierte Verhaltensaufzeichnungen anzufertigen. Es zeigte sich, dass die Erzieherinnen am Ende der Beobachtungsphase ein anderes Bild von den Kindern gewonnen hatten. Fielen ihnen anfangs kaum einmal positive Seiten ein, nahmen sie später mehr und mehr davon wahr. Ihnen fiel nicht mehr nur das auf, was sie störte, sondern immer stärker auch das, was ihnen gefiel. Außerdem berichteten die Erzieherinnen, dass auch die beobachteten Kinder ihr Verhalten ihnen gegenüber verändert hatten. Die Kinder hätten sie in der Beobachtungsphase öfter angesprochen und ihnen gezeigt, was sie gerade gemacht hätten. Die Kinder hatten offenbar die Tatsache, dass sie besonders be(ob)achtet wurden, bemerkt, als wohlwollende Aufmerksamkeit ihnen gegenüber interpretiert und entsprechend reagiert. (...)

Bedeutungen von Ereignissen und Dingen erkennen

Die Erzieherin lernt täglich neu, dass Ereignisse und Dinge für die Kinder eine andere Bedeutung haben können als für sie.

Immer wieder sind Erwachsene überrascht, wenn Kinder nicht so auf einen Vorschlag reagieren, wie sie sich das gedacht hätten, oder wenn Kinder sich für Dinge, die doch so ‚wichtig' oder ‚aufregend' sind, in keiner Weise interessieren. Was für Kinder bedeutungsvoll ist oder wird, lässt sich oft nicht voraussehen.

Zwei Beispiele:

Die Erzieherin war mit den Kindern im Wald; sie wollte sie für das Thema ‚Herbst' interessieren. Im späteren Gespräch mit der Fachberaterin wurde ihr dann aber zunehmend deutlich, dass für die Kinder andere Gesichtspunkte im Vordergrund gestanden hatten: ‚Sammeln' und ‚Schatz'.

Anfang April ist Steffen mit seinen Eltern auf einem Waldspaziergang. Sie passieren gerade eine kleine Straßenbrücke aus Beton, an deren Seite Abwasserrohre verlaufen, als Steffens Mutter voller Freude Frühlingsboten entdeckt: ‚Schau mal, da sind Schmetterlinge!' ‚Ja,' ruft Steffen in genau demselben Tonfall, ‚und Rohre'. (...)

Durch Beobachtung lernen
Die Erzieherin sieht die Konsequenzen ihres Handelns im Verhalten der Kinder und lernt durch Beobachtung.

Die Möglichkeit, durch Beobachtung zu lernen, haben nicht nur Kinder, sondern ebenso ihre Erzieherinnen. Besonders diejenigen, die am Anfang ihrer beruflichen Entwicklung stehen, können viel über die Auswirkungen und die Zweckmäßigkeit ihres Verhaltens lernen, indem sie die Reaktionen der Kinder beobachten.

Ein Beispiel: In der Mittagszeit liest die Berufspraktikantin denjenigen Kindern, die nicht schlafen, ein Kapitel einer Geschichte vor. Nach wenigen Minuten werden die meisten Kinder unruhig, einige schubsen oder kneifen sich gegenseitig. Zwei Kinder beginnen, sich zu unterhalten, eins steht auf und wandert im Gruppenraum umher. Zwei Tage später liest die Gruppenleiterin denselben Kindern eins der folgenden Kapitel vor. Diesmal bleiben alle Kinder eine Viertelstunde lang ruhig und - soweit das beobachtet werden kann - interessiert bei der Sache. Für das unterschiedliche Verhalten der Kinder mag es viele Gründe geben; dem Beobachter fällt vor allem der Unterschied in der Vortragsweise ins Auge: Im Unterschied zur Praktikantin

- variiert die Gruppenleiterin sehr stark die Lautstärke und Stimmhöhe, insbesondere bei der Wiedergabe wörtlicher Rede
- stellt die Gruppenleiterin ab und zu den Kindern Fragen, die sich auf frühere Kapitel oder den vermutlichen Fortgang der Geschichte beziehen
- kommentiert die Gruppenleiterin ab und zu das, was sie gerade vorgelesen hat.

Was liegt näher als der Schluss, dass das unterschiedliche Verhalten der Kinder eine Reaktion auf die unterschiedlichen Formen des Vorlesens war?“

Quelle: Strätz, Reiner/Demandewitz, Helga: Beobachten und Dokumentieren in Tageseinrichtungen für Kinder, Berlin, Cornelsen Verlag Scriptor, 2005, S. 31–35; gekürzt

Materialien 2

„Clownerie, Angeberei und Albernheit (...)

Allgemeines Erscheinungsbild
Das Kind versucht sich durch eine Art ‚Boss-Verhalten', seine massiven Störungen des Gruppengeschehens – durch Dazwischenreden, Blödsinn-Machen, Angeberei – immer wieder in den Mittelpunkt zu stellen. Es versucht eventuell auch, durch Spielverderben oder die Äußerung von Schadenfreude andere Kinder zu dominieren, zu manipulieren, auch zu unterdrücken, um damit sein Geltungs- bzw. Machtbedürfnis zu befriedigen. Es ist auf der Suche nach Anerkennung, nach Beachtung, nach Selbstwert-Erleben.

Durch seine Clownerie, Angeberei und Albernheit befindet sich das Kind sozusagen im „falschen Kanal“ der Interaktion und bekommt von seinen Interaktionspartnern meist eine negative

Rückmeldung. Es erfährt soziale Ablehnung durch die anderen Kinder (‚Der ist halt blöd', ‚Mit der kann man nicht spielenn', ‚Der will doch immer nur der Anführer sein' usw.) oder durch die Erziehungspersonen, die mit ihm schimpfen, ihm drohen oder es auch demütigen.

Damit schließt sich der Teufelskreis: Das Kind löst mit seinem Verhalten, das prinzipiell entwicklungsfördernd ist, mit dem Ziel, die Selbstsicherheit zu steigern und zu seinem Selbstwertgefühl beizutragen, bei seinen sozialen Partnern (Kindern und Erwachsenen) Unverständnis und Ärger aus, und deren Reaktionen tragen bei dem Kind selbst wiederum zu Frustration, zur Bestätigung seiner Minderwertigkeitsgefühle, zu seiner weiteren Verunsicherung bei.

Mögliche Ursachen

Wissenschaftliche Erkenntnisse zur Psychodynamik bei Kindern, die durch Angeberei, Clownverhalten, Faxen-Machen oder Albernheit auffällig werden, gibt es relativ wenig. Lerntheoretisch können wir diese Verhaltensweisen dahingehend erklären, dass früh erworbene Muster, die prägend sind, beibehalten werden (durch Lernen am Modell, durch Verstärkungen usw.).

Betroffen sind Kinder, die sich Zuwendung und Anerkennung abholen müssen von ihren sie häufig ablehnenden Bezugspersonen, die sie zu wenig beachten bzw. ihnen zu wenig Liebe zeigen konnten. Diese Muster können später nicht entwicklungsadäquat aufgegeben werden, sondern das Kind reagiert auch noch danach mit den genannten auffälligen Verhaltensweisen – besonders in verunsichernden, für es frustrierenden Situationen, z. B. in der Gruppe, in der Beachtung und Zuwendung auf viele verteilt werden muss.

Der Begründer der Individualpsychologie, Alfred Adler, hat das Erklärungskonzept der Kompensation bzw. Überkompensation entworfen: Erlebt sich das Kind als ungenügend, als minderwertig, so fühlt es sich benachteiligt und wird durch Geltungs- und Machtstreben ständig versuchen, diese Minderwertigkeitsgefühle auszugleichen, d. h. zu kompensieren. Es entwickelt besondere Fähigkeiten, versucht durch Imponiergehabe zu beeindrucken, will besser sein als die anderen".

Quelle: Utz, Klaus: Verhaltensauffälligkeiten bei Kindern – Symptome, Hinweise, Hilfen, Freiburg im Breisgau: Herder Verlag, 2003, S. 34

Materialien 3

„Sie fallen auf und fordern uns heraus – Kinder mit auffälligem Verhalten

Neue Erkenntnisse und Hinweise zu professionellem Handeln

Verhaltensauffälligkeiten bei Kindern zeigen sich oft früh und bleiben langfristig bestehen, wenn keine gezielten, unterstützenden pädagogischen oder therapeutischen Hilfen eingesetzt werden und greifen. So ist z. B. aggressives bzw. gewalttätiges Verhalten als durchgängiges Merkmal der Weltbegegnung ab dem fünften Lebensjahr stabil (...). Verschiedene Studien zeigen darüber hinaus übereinstimmend: 18 % (...) bis 22 % (...) der Kinder im Vorschulalter weisen klar diagnostizierbare Verhaltensauffälligkeiten auf. Die häufigsten Auffälligkeiten von Kindern im Vorschulalter sind Störungen des Sozialverhaltens, ADHS und Ängste.

Kindertageseinrichtungen können vor diesem Hintergrund eine wichtige präventive Funktion erfüllen, wenn eine systematische und gut abgestimmte Interventionsstrategie realisiert wird. Leiterinnen sind hier besonders gefordert, indem sie ihrem Team Unterstützung geben und Orientierung bieten: zum einen im Hinblick auf fachpädagogisches Wissen, aber auch konkret bei der Beobachtung und Dokumentation, bei Elterngesprächen oder der Organisation weiterführender Hilfen.

Was sind eigentlich Verhaltensauffälligkeiten?
Eine klare, trennscharfe Unterscheidung zwischen auffälligem und nicht auffälligem Verhalten gibt es nicht. Das Verhalten eines Kindes lässt sich eher auf einem Kontinuum zwischen diesen beiden Polen beschreiben. Je nach Ausprägungsgrad oder auch zeitlichem Verlauf kann ein bestimmtes Verhalten mehr dem einen oder dem anderen Pol zugeordnet werden. Bezugspunkt ist dabei immer eine bestimmte Norm – also eine Vereinbarung zwischen Menschen, welches Verhalten in bestimmten Umständen als ‚normal' anzusehen ist und welches nicht. Es lassen sich zwei grundlegende Normen unterscheiden: soziale Normen, d. h. Erwartungen der Gesellschaft oder der jeweiligen Bezugsgruppe, beispielsweise der Familie oder der Gruppe im Kindergarten; und statistische Normen, welche beschreiben, wie häufig bestimmte Verhaltensweisen oder Merkmale auftreten. Voraussetzung dafür ist, dass diese Merkmale relativ klar bestimmbar und entsprechend gemessen werden können. Dies ist bei physiologischen Merkmalen, wie z. B. der Körpergröße, relativ einfach, wird jedoch bei psychischen Merkmalen oder Verhaltensweisen komplizierter. Dennoch gibt es eine Reihe von Kriterien, die helfen, eine fachlich begründete Einschätzung vorzunehmen (...).

Alter und Geschlecht
Bestimmte Verhaltensweisen sind über das Lebensalter normiert: so hat ein Kind in den europäischen Gesellschaften in der Regel mit 4 bis 4,5 Jahren sicher die Kontrolle über die eigene Blasenfunktion erlernt. Auffällig ist ein Kind dann, wenn es mit 5,5 Jahren noch einnässt. Bei der altersbezogenen Einschätzung, ob ein Verhalten auffällig ist, ist es unabdingbar, theoretische Bezugsrahmen und zumeist auch normierte Testverfahren als Vergleichsmaßstab hinzuzuziehen. Verhaltensweisen werden auch geschlechtsbezogen unterschiedlich bewertet: Nach wie vor wird bei Jungen in der Kita ein ‚raumgreifenderes' Verhalten eher toleriert, bei Mädchen hingegen häufig als zu wild sanktioniert.

Dauer des Verhaltens
Auffälligkeiten müssen über längere Zeiträume – oft über mindestens sechs Monate – bestehen, um wirklich als Störung beschrieben werden zu können.

Gegenwärtige Lebensumstände
Unter besonderer Belastung wie Wohnortwechsel oder Trennung der Eltern sind vorübergehende Stressreaktionen und damit verbundene Auffälligkeiten im Verhalten (z. B. starkes Sich-Zurückziehen) erwartbar. Sie verschwinden im Allgemeinen in dem Maße, in dem das Kind und seine Familie lernen, mit der veränderten Situation besser umzugehen.

Soziokulturelle Zugehörigkeit
Die Normvorstellungen unterscheiden sich sowohl nach gesellschaftlichen Schichten wie auch hinsichtlich der Zugehörigkeit beispielsweise zu einer ethnischen Gruppe.

Art und Vielfalt der Symptome
Seelische Belastungen von Kindern zeigen sich häufig nicht nur durch eine einzige Form der Symptomatik oder Auffälligkeit, sondern oft treten verschiedene Anzeichen gemeinsam oder zeitnah gekoppelt auf: Ein Kind, das grundsätzlich unsicher ist im sozialen Kontakt, wird wahrscheinlich häufiger weinen und seine Ängste auf körperlicher Ebene zeigen (z. B. Bauchschmerzen). Das (dauerhafte) Auftreten mehrerer Symptome mit Krankheitswert wird als Komorbidität bezeichnet.

Häufigkeit und Intensität von Symptomen; Situationsabhängigkeit

Je häufiger und intensiver – und möglicherweise auch situationsunabhängiger – ein Verhalten von der sozialen Norm abweicht, desto eher wird es als Auffälligkeit eingestuft.

Psychosoziale oder Leistungsbeeinträchtigungen

Eine weitere wichtige Rolle bei der Verhaltensbeurteilung spielt die Frage, wie sehr ein Kind sich und seine Umwelt durch das jeweilige Verhalten beeinträchtigt. Manche Auffälligkeiten – wie z. B. ein starker Rückzug des Kindes – wirken sich oft lange Zeit nicht störend auf das Zusammenleben in der Gruppe aus und werden daher leicht übersehen. Wenn dagegen ein Kind vor allem über Schlagen, Beißen etc. Kontakt zu anderen aufnimmt, wird es schneller als auffällig eingestuft."

Quelle: Fröhlich-Gildhoff, Klaus: Sie fallen auf und fordern heraus - Kinder mit auffälligem Verhalten, in: Kindergarten heute, Nr. 1/2010, S. 8-10

TIPPS zum Weiterlesen

- Kindergarten heute spezial: Verhaltensauffälligkeiten bei Kindern - Symptome, Hinweise, Hilfen, Freiburg im Breisgau: Herder Verlag, 1998.
- Viernickel, Susanne/Völkel, Petra: Beobachten und dokumentieren im pädagogischen Alltag, Freiburg im Breisgau: Herder Verlag, 2005.

4 Lernsituation Marie

Arbeitsfeld Kindergarten – Themen: Sehbehinderung/Inklusion

Marie, 4 Jahre und 3 Monate alt, hat aufgrund eines sehr spät operierten Grauen Stars eine hochgradige Sehbehinderung und verfügt über eine Sehstärke von ca. 10 %. Seit ca. einem halben Jahr besucht Marie den Regelkindergarten. Ihre Eltern hatten sich nach einem langen Gespräch mit der Leitung für diese Einrichtung entschieden. Zum einen sparen sie damit lange Anfahrtswege zur Fördereinrichtung. Was aber viel wichtiger ist: Sie möchten, dass Marie so normal wie möglich aufwächst und in einer Regeleinrichtung betreut wird. Die Kindertageseinrichtung hat keine Erfahrung mit Kindern mit Sehbehinderung, ist aber bereit, sich darauf einzulassen und versucht durch Fortbildungen und die enge Zusammenarbeit mit der Frühförderung gute Bedingungen für die Arbeit mit Marie herzustellen.

Marie wurde seit der Geburt von der Frühförderung für Sehbehinderte und Blinde begleitet. Einmal wöchentlich besuchte eine Heilpädagogin Marie zu Hause und seit einem halben Jahr kommt die Fachkraft in den Kindergarten. Dort arbeitet sie nicht nur mit Marie, sondern leitet auch das pädagogische Personal an und bespricht Beobachtungen und Fragen des Personals. Folgende Beobachtung hat die Erzieherin Lisa gestern gemacht und notiert:

Marie sitzt in der Bauecke vor einer Kiste mit verschiedenen Bausteinen. Sie nimmt einen Baustein, befühlt ihn, dreht ihn in den Händen und wirft ihn dann auf den Boden. Jedes Mal freut sie sich über das Aufschlagen des Bauklotzes auf dem Boden. Die anderen Kinder haben mittlerweile die Bauecke verlassen, Marie ist alleine. Als die Kiste leer ist, sucht Marie zunächst tastend nach weiteren Bausteinen, findet aber keine. Sie steht auf und beginnt auf der Stelle zu hüpfen. Das wiederholt sie viele Male. Schließlich geht die Kinderpflegerin Alexandra auf Marie zu und spricht sie schon im Kommen an. Sie legt die Hand auf Maries Schulter und fragt: „Möchtest du weiter mit den Bauklötzen spielen oder kommst du mit uns Musik machen?" Marie wird ruhiger. Alexandra geht mit Marie an der Hand in die

Mitte des Raumes. Sie stellt sich unter das Oberlicht, durch das helles Licht in den Raum dringt. Alexandra greift zur Gitarre und ruft in den Raum: „Wer möchte mit uns Musik machen?" Paulina, Chiara und Yannik kommen in den Kreis. Alexandra stellt eine Korb mit Instrumenten in die Mitte, darin befinden sich Rasseln, ein Glockenspiel, Klangstäbe und eine Triangel. Die Kinder dürfen ein Instrument wählen und ausprobieren. Marie geht auf die Knie und krabbelt zum Korb. Sie wählt eine Rassel, nimmt sie in die Hand und experimentiert sehr vorsichtig damit. Nach einigen Minuten beginnt Alexandra auf der Gitarre eine Melodie zu spielen und ruft die Instrumente der Kinder nacheinander auf. Die Kinder setzen dann ein und spielen eine zeitlang mit, bis das nächste Instrument aufgerufen wird.

Am Schluss des Stückes erklingen alle Instrumente im Takt. Marie ist während der Aktion sehr konzentriert. Sie hört ganz genau, wann sie an der Reihe ist. Wenn die anderen Kinder ihren Einsatz verpassen oder noch spielen, obwohl schon ein anderes Instrument aufgerufen wurde, kritisiert Marie die Kinder.

Im Anschluss an die Musikeinheit zieht Marie sich wieder in die Bauecke zurück. Dort sitzen inzwischen Paul und Konrad. Marie setzt sich neben sie und sagt: „Ich baue auch und brauche dazu diese Steine." Paul und Konrad lassen sich davon nicht beeindrucken und greifen weiter in „ihre" Kiste. Marie wird wütend: „Das ist meine Kiste, ihr dürft da nichts rausnehmen." Alexandra hat die Situation im Auge und greift nun ein. Sie fragt, ob nicht alle zusammen etwas bauen können. Paul und Yannik sind einverstanden, Marie zunächst nicht. Alexandra erklärt, dass man gemeinsam viel größere Häuser vielleicht sogar eine ganze Stadt bauen kann. Marie wirkt unschlüssig, hat aber schließlich nichts mehr einzuwenden unter der Bedingung, dass alle ein großes Haus bauen. Die beiden Jungs bestehen aber darauf einen Turm zu bauen. Schließlich geht Marie aus der Bauecke und läuft im Zimmer umher.

Später, als die Kinder abgeholt werden, bemerkt Alexandra dass sich die Kinder, die mit Marie gemeinsam Musik gemacht haben, persönlich bei ihr verabschieden. Als Marie von ihrem Vater geholt wird, lässt sie sich in seine Arme fallen. Gemeinsam gehen sie zur Garderobe, wo Marie einen Haken mit einem strukturierten Zeichen hat, damit sie ihn selbstständig finden kann. Sie nimmt ihre Jacke, sucht einen Ärmel und steckt ihren Arm hinein. Den anderen Ärmel zu finden, bereitet ihr große Schwierigkeiten. Immer wieder versucht sie es und greift ins Leere. Der Vater wartet geduldig, bis Marie die Jacke selbst angezogen hat.

4.1 Aufgaben und Fragen

Einstiegsübung

Basteln Sie sich mithilfe der Vorlage auf der folgenden Seite eine Brille aus biegsamer Pappe. Dort, wo normalerweise die Gläser eingesetzt werden, kleben Sie eine dünne Folie auf, die Sie z. B. aus einer Klarsichthülle ausschneiden können. Setzen Sie nun die Brille auf und versuchen Sie sich ganz normal zu verhalten. Gehen Sie im Klassenzimmer bzw. im Schulhaus umher, suchen Sie ein bestimmtes Heft oder Buch in Ihrer Schultasche oder essen Sie mit der Brille auf der Nase ihr Pausenbrot. Behalten Sie die Brille mindestens 20 Minuten auf.

Vorsicht: Die Brille simuliert eine starke Sehbehinderung. Gewohnte Fähigkeiten sind nur eingeschränkt möglich.

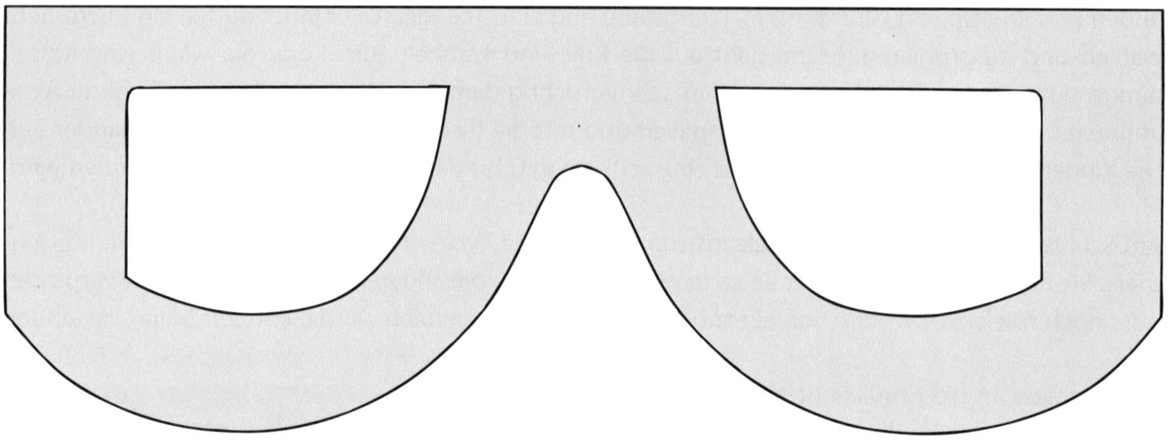

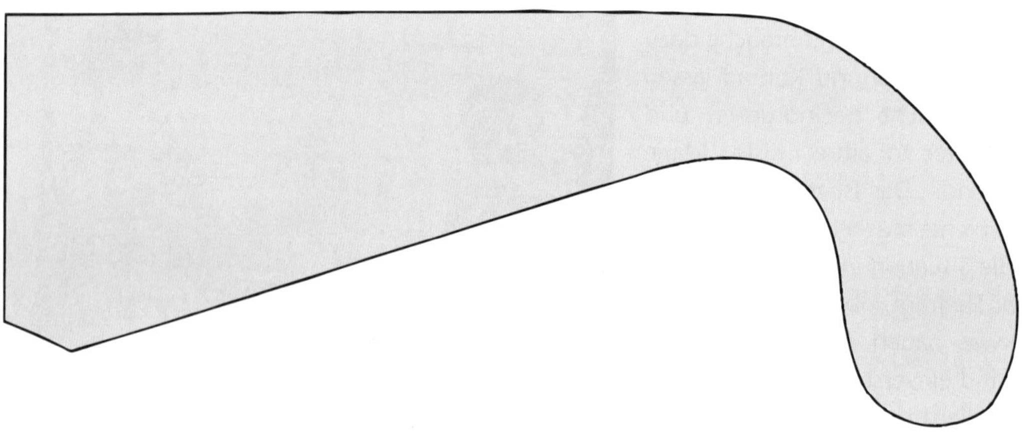

Anschließend an diese Übung tauschen Sie sich mit zwei oder drei Mitschülerinnen aus.

Haben Sie die Übung durchgehalten? ______

Waren Sie versucht, die Brille abzunehmen oder haben Sie die Brille abgenommen? ______

Welche Tätigkeiten/Aktivitäten sind Ihnen besonders schwergefallen, welche waren einfacher zu bewältigen? ______

Hat die Dauer der Übung eine Rolle gespielt? Wie haben Sie sich nach fünf Minuten/zehn Minuten und am Ende der Übung gefühlt? ______

Kontextbezogene Reproduktion

1. Schädigungen von Körperstrukturen bzw. Körperfunktionen führen zu Beeinträchtigungen der Aktivität und der Teilhabe im sozialen Bereich.

1.1 Marie ist stark sehbehindert. Klären Sie den Begriff „Behinderung" und beschreiben Sie, was man unter einer Sehbehinderung versteht.

▸ **Kapitel 14.1.1**

▸ **Materialien 1**

1.2 Es gibt unterschiedliche Formen von Sehbehinderungen, die sich jeweils verschieden auswirken. Geben Sie einen Überblick über die Formen und ordnen Sie die Beeinträchtigung von Marie zu.

▸ **Materialien 1**

▸ **Materialien 2**

2. Ist ein Kind behindert, kann das sowohl bei der Familie als auch beim Kind selbst zu Problemen führen. Beschreiben Sie diese Probleme und beziehen Sie sich dabei besonders auf die Sehbehinderung.

▸ **Kapitel 14.2.1/14.2.3**

3. Die Arbeit mit Kindern, die beeinträchtigt oder von Behinderung bedroht sind, erfordert eine pädagogische Grundhaltung der Fachkräfte. Erläutern Sie, worum es dabei geht.

▸ **Kapitel 14.3.1**

4. Kinder mit Behinderung haben ein Recht darauf, in den Alltag aller mit einbezogen zu werden. Dieser Anspruch wird in der Fachwelt unter dem Begriff „Inklusion" diskutiert.

4.1 Klären Sie die Begriffe „Integration" und „Inklusion".

4.2 Beschreiben Sie, welche Auswirkungen das Konzept der Inklusion für die Arbeit im Kindergarten hat.

▸ **Materialien 3**

Analyse

1. Ermitteln Sie die Ressourcen, die in der vorliegenden Lernsituation zu erkennen sind. Beziehen Sie sich dabei auf unterschiedliche Ebenen, wie z. B. Marie, Eltern, Fachkräfte, Institution usw.

2. Beschreiben Sie die Problemlagen, die in der Lernsituation deutlich werden.

Handlungskonzept

1. Formulieren Sie auf der Basis Ihrer Analyse Ziele für Marie und die Gruppe.

2. Zeigen Sie auf, wie Sie diese Ziele im Alltag des Regelkindergartens umsetzen können. Bedenken Sie dabei die zeitliche Perspektive. Welche Ziele können relativ rasch realisiert werden und für welche Ziele brauchen Sie geraume Zeit?

Stellungnahme

„Unterschiedlichkeit ist kein Makel, sondern Normalität", schreibt Daniela Kobelt Neuhaus in einem Artikel in einer Fachzeitschrift.

Beziehen Sie Stellung zu dieser Aussage.

▸ Materialien 4

Abschluss

Bereiten Sie einen Kurzvortrag über den Fall Marie und Ihre Bearbeitung der Lernsituation vor. Bei einem Vortrag muss zunächst das gesprochene Wort gut zu verstehen sein. Genauso wichtig ist es jedoch, Inhalte zu visualisieren, sodass die Zuhörer besser folgen können. Erstellen Sie zu diesem Zweck in Kleingruppen (drei bis vier Personen) ein Plakat, das die wesentlichen Aspekte des Vortrags visualisiert. Hängen Sie die Plakate aller Kleingruppen auf, sodass eine Galerie entsteht. Alle Teilnehmerinnen betrachten zunächst die Plakate und beurteilen sie im Hinblick darauf, ob sie geeignet sind, wesentliche Aspekte zu visualisieren. Anschließend erhält jede Person drei Klebepunkte. Diese werden auf das oder die gelungenen Plakate geklebt. Dabei können alle drei Punkte an ein Plakat vergeben oder die Punkte aufgeteilt werden. Sind alle Punkte aufgeklebt, werden die beiden Plakate mit den meisten Punkten genauer betrachtet und Kriterien für das Erstellen von Lernplakaten herausgearbeitet. Das eigene Plakat kann dann mithilfe der Kriterien erneut bearbeitet bzw. verbessert werden.

4.2 Materialien

Materialien 1

Sehbehinderung - was bedeutet das? Wie erkennt man das?
„Eine Person ist sehbehindert, wenn trotz Korrekturgläsern die Sehschärfe unter einem Drittel der Sehschärfe eines Normalsichtigen liegt oder trotz besseren Sehvermögens das Gesichtsfeld massiv eingeschränkt ist.

Auf eine Sehbeeinträchtigung weisen folgende Auffälligkeiten im Verhalten des Kindes hin (...). Das Kind

- hat Schwierigkeiten beim Sehen in die Ferne (z. B. im Unterricht beim Abschreiben von der Tafel, beim Fernsehen),
- ‚liest mit der Nase' (zu geringer Leseabstand);
- übersieht gesuchte Gegenstände, die offensichtlich zu sehen sind;
- beschwert sich über unscharfes, verschwommenes Sehen, sieht manchmal doppelt;
- zeigt Auffälligkeiten wie Augenzittern oder Augenrollen, schielt, kneift die Augenlider zusammen;
- reibt sich häufig die Augen, bohrt in den Augenhöhlen, verspürt ein Brennen in den Augen, weist Rötungen der Augen auf, hat häufig tränende Augen;

- klagt über Kopfschmerzen nach dem Lesen bzw. Ansehen eines Films;
- weist Blickauffälligkeiten auf, indem es z. B. an einem Objekt, auf das es sich konzentriert, vorbei sieht;
- nimmt keinen Blickkontakt auf;
- hat einen ‚verschlafenen' Blick;
- zeigt motorische Probleme, indem es häufig anstößt, stolpert, danebengreift, beim Gehen gegen Tische und Stühle stößt; Unsicherheit beim Sport;
- fällt in seinem Sehverhalten beim Fixieren durch eine schiefe Kopfhaltung auf;
- hält sich beim Sehen ein Auge zu, blinzelt;
- ist besonders lichtempfindlich (hohe Blendempfindlichkeit), dunkelt den Lichteinfall durch den Arm oder die Hände ab, klagt über Augenschmerzen, die vom Licht ausgelöst werden;
- sieht manchmal Flecken vor den Augen.“

Quelle: Bernitzke, Fred: Heil- und Sonderpädagogik, 4. Auflage, Köln: Bildungsverlag Eins, 2011

Materialien 2

Grauer Star – Katarakt
„Als grauen Star oder Katarakt bezeichnet man die Eintrübung der normalerweise klaren Augenlinse. Betroffene nehmen alles wie durch einen Schleier wahr, Konturen und Farben verschwimmen ineinander, die Blendempfindlichkeit nimmt zu. Der graue Star kann verschiedene Ursachen haben – am bekanntesten ist der altersbedingte, der sogenannte Altersstar, der meistens erst nach dem 60. Lebensjahr auftritt.

Weniger bekannt ist jedoch, dass jährlich in der Bundesrepublik etwa 250 Neugeborene mit einer so ausgeprägten Katarakt auf die Welt kommen, dass sie bereits in den ersten Lebenswochen operiert werden müssen. Der angeborene graue Star kann genetische Ursachen haben (z. B. auch in Kombination mit anderen Behinderungen, wie z. B. dem Lowe-Syndrom), die Folge von Infektionen im Mutterleib sein oder aus anderen Gründen entstehen. Der Hauptgrund für eine möglichst frühzeitige Operation, bei der die trübe Linse entfernt wird, liegt in der frühkindlichen Sehentwicklung: Wenn durch die Linsentrübung kein deutliches und klares Bild auf der Netzhaut entstehen kann, wird die Sehentwicklung nachhaltig beeinträchtigt. Ein unbehandelter grauer Star im Kindesalter führt deshalb zu einer massiven Sehbehinderung, die dann selbst durch eine Operation nicht mehr rückgängig gemacht werden kann.

Da mit der Entfernung der Linse aber auch ein Teil des optischen Systems entfernt wird, muss dieses Defizit wieder ausgeglichen werden. Im Moment stehen drei Möglichkeiten zur Auswahl:

- die sogenannte Starbrille,
- Kontaktlinsen oder
- intraokulare (künstliche) Linsen.

Während bei älteren Schulkindern und bei erwachsenen Patienten im Anschluss an die Linsenentfernung in der Regel direkt eine künstliche Linse in das Auge eingesetzt wird, wartet man bei kleineren Kindern damit normalerweise ab, bis das Augenwachstum beendet ist. Die Kinder erhalten zunächst eine Starbrille und oftmals ein wenig später Kontaktlinsen. Da jedoch weder die Brille noch die Kontaktlinsen die Akkommodation übernehmen können, muss überlegt werden, welche Sehdistanz im Moment für das Kind und seine Entwicklung am bedeutsamsten ist: So wird man bei einem erst wenige Wochen alten Säugling die Gläserstärke sicherlich so wählen, dass er im Nahbereich scharf sieht, also z. B. das Gesicht der Mutter oder im Greifraum angebotene Spielsachen. Im Vordergrund stehen dann zunächst die Entwicklung einer Beziehung zu seinen Bezugspersonen und die Anbahnung des Greifens. Wird das Kind zunehmend mobiler, ist es hingegen sinnvoll, die Distanz zu erweitern, um ihm eine gute räumliche Orientierung beim Krabbeln und Laufen zu ermöglichen.

Sogenannte Bifokalgläser (Zweistärkenbrille) ermöglichen im weiteren Verlauf dann sowohl das Sehen in der Ferne als auch die Möglichkeit, kleine Objekte und Details im Nahbereich erkennen zu können. Wichtig ist auch zu wissen, dass durch die fehlenden Augenlinsen nur noch ein begrenzter UV-Schutz besteht, d. h. diese Kinder sind vermehrt blendempfindlich und benötigen häufiger Schirmmützen und eine Sonnenbrille.

Wichtig für Pädagogen und Therapeuten: Linsenlosen Kindern darf auf keinen Fall ultraviolettes Licht, besser bekannt als ‚Schwarzlicht', angeboten werden, da es sonst zu nicht umkehrbaren Netzhautschäden kommen kann."

Quelle: Nedwed, Bernadette: Kinder mit Sehschädigungen, Idstein: Schulz-Kirchner Verlag, 2008, S. 32 f.

Materialien 3

Was versteht man unter „Inklusion"?
„Inklusion ist als Konzept zu verstehen, das über Integrationsbestrebungen hinausgehend versucht, alle Menschen mit Beeinträchtigungen in einen Alltag für alle mit einzubeziehen. Menschen mit Behinderung werden nicht nur in eine Welt von Nichtbehinderten integriert, sondern alle Menschen in einer Gesellschaft werden angesehen als Menschen mit jeweils unterschiedlichen Bedürfnissen, auf die angemessen reagiert werden muss. Die Schlussfolgerung bzw. Vision für Kindertageseinrichtungen nach diesem Konzept ist, dass die Einrichtungen offen sind für wirklich alle behinderten und nichtbehinderten oder auffälligen Kinder. Jedes Kind bekommt die individuelle Unterstützung, die es benötigt."

Quelle: Vollmer, Knut: Das Fachwörterbuch für Erzieherinnen und pädagogische Fachkräfte, Freiburg im Breisgau: Herder Verlag, 2008

Inklusion - gelebte Pädagogik der Vielfalt
„Integrative Erziehung geht vom Grundsatz der uneingeschränkten Teilhabe (engl.: inclusion) aus: Danach werden Kinder mit Behinderung in Tageseinrichtungen gemeinsam mit Kindern ohne Behinderungen gebildet und erzogen. Sie erhalten dort eine auf ihre individuellen Bedürfnisse ausgerichtete spezifische Förderung und Unterstützung. Die gemeinsame Erziehung ist dabei eingebettet in einen allgemeinen Prozess der Förderung einer vollen Teilhabe behinderter Kinder und ihrer Eltern an allen Sektoren gesellschaftlichen Lebens. Es gibt wichtige Voraussetzungen für eine gelingende Pädagogik der Vielfalt:

- Eine gemeinsame pädagogische Philosophie betrachtet das Zusammenleben und -lernen vieler Verschiedener als notwendig und sinnvoll, und sichert allen Kindern nicht nur ein Recht auf volle Teilhabe, sondern auch die Möglichkeit dazu zu. Unabdingbar für das

Gelingen von einer Pädagogik der Vielfalt ist die Wertschätzung einer engen Zusammenarbeit (im Team, mit anderen Berufsgruppen) und einer Erziehungspartnerschaft zwischen Familien und Fachkräften. Solche inneren Werthaltungen lassen sich nicht anordnen. Es gibt aber doch verschiedene Möglichkeiten, hier gezielt Einfluss zu nehmen – im Rahmen der Personalauswahl oder durch eine gezielte Diskussion inklusionsfördernder Haltungen.

- Grundlage für die pädagogische Arbeit in Einrichtungen, die für alle Kinder und ihre Familien in einem Orts- oder Stadtteil offen sind, soll eine Atmosphäre von gegenseitiger Akzeptanz und Zusammengehörigkeit sein. Unterschiedlichkeit wird hier nicht als zu überwindendes Defizit gesehen, sondern als Chance, von- und miteinander zu lernen und gemeinsam Neues zu entwickeln. Es werden Rahmenbedingungen geschaffen, die die Teilhabe jedes Kindes und jeder Familie ermöglichen und ihre individuelle Weiterentwicklung unterstützen. Die Kinder, die in der Einrichtung lernen, sollen sich spiegeln können in den Angeboten. Es ist selbstverständlich, dass die Kinder in den Kinderbüchern, auf den Fotos oder in Erzählungen große Ähnlichkeiten mit den konkreten Kindern der Einrichtung haben. Unterschiede werden benannt und gemeinsam Lösungen gefunden, diese zu akzeptieren und im Alltag nutzbar zu machen.
- Die Familie ist als einflussreichster und zeitlich dauerhaftester Einflussfaktor für das Leben und für die Entwicklung von Kindern mit Behinderungen von besonderer Bedeutung. Kinder mit Behinderung sind oft über viele Jahre eng mit ihren Familien verbunden bzw. abhängig von ihnen. Die Unterstützung der Eltern durch die Einrichtung orientiert sich am Lebensstil, den Werten und den Prioritäten der einzelnen Familie. Zusammenarbeit erfolgt auf einer partnerschaftlichen Grundlage: Eltern werden als Experten für die Entwicklung und Erziehung ihres Kindes ernst genommen, sie sind gleichberechtigte Partner. Dabei wissen die Fachkräfte in der Einrichtung um die spezifischen Probleme von Eltern mit behinderten Kindern, sie haben Verständnis dafür und sind in der Lage, Eltern effektiv zu unterstützen.
- Wenn Kinder über die Regelpädagogik hinaus spezifische therapeutische Förderung und Unterstützung benötigen, sollen diese möglichst im Alltag des Kindes bei den „normalen" Aktivitäten und an individuellen Interessen und Vorlieben der Kinder anknüpfen. Die therapeutischen Maßnahmen sind in ihren Zielsetzungen ganzheitlich angelegt; es geht also nicht in erster Linie um das Training isolierter Fertigkeiten. Fördermaßnahmen sollen die Kinder anregen und unterstützen beim Erwerb breiter, auch im Alltag sinnvoll einsetzbarer Fähigkeiten. Insbesondere Kinder mit geistiger Behinderung – aber auch andere Kinder – schaffen den Transfer von Übungsblättern, Mandalas oder anderen symbolischen Aktivitäten auf konkrete Handlungen nur schwer.
- Pädagogik der Vielfalt gelingt nur im Verbund. Im Sinne einer optimalen Entwicklungsförderung ist es deshalb notwendig, dass alle Beteiligten eng kooperieren. Leitend für die Zusammenarbeit ist das Modell des sogenannten transdisziplinären Teams: Familie, Fachkräfte der Einrichtung und Spezialisten der Fachdienste planen gemeinsam die notwendigen diagnostischen Untersuchungen, das pädagogische Vorgehen in der Gruppe und die therapeutischen Leistungen. Entscheidungen werden für alle transparent vorbereitet und schließlich gemeinsam getroffen.
- Die Arbeit in integrativen Einrichtungen stellt erhöhte Anforderungen an die Qualifikation und die Qualifizierungsbereitschaft der Fachkräfte. Dabei geht es zunächst um gute allgemeinpädagogische, entwicklungspsychologische und heilpädagogische Fachkenntnisse. Wichtige persönliche Voraussetzungen der Mitarbeiterinnen sind reflexive Kompetenzen und Kommunikationsfähigkeit.

- Ob eine sozialintegrative Bildung, Erziehung und Betreuung von Kindern mit Behinderungen in Kindertageseinrichtungen gelingt, hängt entscheidend ab vom Kontext, in den Einrichtungen eingebettet sind: Träger, andere Einrichtungen, Wohnumfeld, Gemeinde usw. Die einschlägigen gesetzlichen und administrativen Regeln stärken oder schwächen eine Einrichtung. Inklusive Einrichtungen vertreten ihr Konzept offensiv nach außen und nehmen Einfluss auf die Gestaltung guter Rahmenbedingungen und ein förderliches Klima, z. B. die Bereitstellung von Geld und Personal. Konkrete Ansatzpunkte sind: Teilnahme an regionalen Arbeitskreisen, Kontaktaufnahme zu Ärzten, Beratungseinrichtungen und Schulen, der Kontakt zu Behörden, Gremien und Vereinigungen, die Präsentation der eigenen Arbeit in Veranstaltungen sowie die Präsenz in den Medien.
- Inklusion beinhaltet zwingend vorurteilsbewusste Bildung und Erziehung. Sie zielt darauf ab, allen Kindern Erfahrungen mit Vielfalt zu ermöglichen. Unterschiede fordern Kinder kognitiv und sprachlich heraus, wenn sie zum Vergleichen, Aufeinanderbeziehen, Differenzieren anregen. Sie sind der ideale Motor für Entwicklung, wenn Gespräche darüber in einer Sprache stattfinden, die anerkennend, respektvoll, einfach, sachlich, nüchtern und direkt ist.“

Quelle: Kobelt Neuhaus, Daniela: Inklusion - eine Pädagogik der Vielfalt leben, in: Kindergarten heute, Nr. 10/2008, S. 12 f.

Materialien 4

Unterschiedlichkeit ist kein Makel, sondern Normalität!
„In den letzten Jahren hat ein tiefgreifender Paradigmenwechsel in der Pädagogik stattgefunden, der gerade den Kindern mit besonderen Bedürfnissen zugutekommt. Die Erkenntnis, dass jedes Kind sich in seinem Tempo entlang seiner Interessen die Welt erschließt und im Dialog mit seiner Mitwelt persönliche Kompetenzen überprüft und weiterentwickelt, hat sich in den Bildungsplänen und -empfehlungen der Länder deutlich niedergeschlagen. Ausgehend vor allem von den Entwicklungen in den Vereinigten Staaten und den skandinavischen Ländern verbreitete sich auch in Deutschland die Idee einer integrativen Erziehung. Leitend waren drei Prinzipien:

- Hilfen sollen nicht erst dann zur Verfügung gestellt werden, wenn ‚das Kind in den Brunnen gefallen ist‘ – es ist vielmehr daraufhin zu wirken, dass der Eintritt einer Behinderung oder chronischen Erkrankung vermieden wird (§ 3 SGB IX).
- Hilfen dürfen die betroffenen Kinder nicht mehr als unbedingt notwendig in ihren (bezogen auf den Rest der Gesellschaft) normalen Lebensvollzügen einschränken.
- Kinder mit besonderen Bedürfnissen dürfen und sollen an allen Aktivitäten und Angeboten für Kinder, die sich ‚normal' entwickeln, voll partizipieren.

In der Folge treten das persönliche Wohlgefühl jedes Kindes sowie die soziale Komponente der gemeinsamen Erziehung in den Vordergrund. Es soll und kann ein gemeinsames Ziel entwickelt werden. Die Lernwege jedes einzelnen Kindes verlaufen aber in der Auseinandersetzung mit den Projektthemen individuell. Somit ist eine pädagogische Differenzierung von Förderung gefragt, in der Gemeinsamkeiten aktiv unterstützt werden, ohne dass die Individualität der Lernwege aus dem Blick geraten darf. Auch Kinder ohne Behinderung und ihre Eltern ziehen Gewinn aus der gemeinsamen Erziehung, da sie z. B. ein breiteres Spektrum an Tempi, Wissen, Können und Kompetenzen eröffnet.

Selbstverständliche Zugehörigkeit und gleichzeitige Verschiedenheit sind kein Widerspruch in sich. Dass Menschen gleichzeitig verschieden sind und dazugehören, ist die Erkenntnis aus dem täglichen gesellschaftlichen Zusammenleben, aber auch aus wissenschaftlichen Untersuchungen. Inklusion und Integration in der Zeit der Postmoderne (Fthenakis, 2003) bedeuten keineswegs ‚Gleichheit' für alle. Unterschiedlichkeit sollte nicht als Makel, sondern als Normalität verstanden werden."

Quelle: Kobelt Neuhaus, Daniela: Inklusion - eine Pädagogik der Vielfalt leben, in: Kindergarten heute, Nr.10/2008, S. 11

TIPPS zum Weiterlesen

- Klein, Ferdinand: Inklusive Erziehungs- und Bildungsarbeit in der Kita, Troisdorf: Bildungsverlag EINS, 2010.
- Nedwed, Bernadette: Kinder mit Sehschädigung, Idstein: Schulz-Kirchner Verlag, 2008.

5 Lernsituation Mario

Arbeitsfeld Kindergarten – Thema: Aggression

Mario, 5 Jahre, möchte nach dem morgendlichen Stuhlkreis mit seinem Freund Paul, 4 Jahre, in der Bauecke spielen. Sie haben sich verabredet, einen großen Turm zu bauen. Weil die Bauecke sehr beengt ist, dürfen sich immer nur drei Kinder gleichzeitig dort aufhalten. Mario stürmt nach Beendigung des Stuhlkreises sofort los und erreicht als Erster die Bauecke. Auch Simon möchte mit seiner Freundin Julia heute bauen, deshalb hat auch er sich beeilt, in die Bauecke zu kommen. Er ruft nach Julia und setzt sich neben eine Kiste mit Legosteinen. Mario stellt sich vor Simon hin, stemmt beide Arme in die Hüften und sagt: „Ich war Erster hier und ich spiele mit Paul." Zu Paul gewandt: „Komm Paul!" Mario drängt Simon zur Seite, damit Paul mehr Platz hat. Mit Tränen in den Augen läuft Simon zur Kinderpflegerin Sandra und beschwert sich.

Sandra hat die Szene beobachtet und holt alle Kinder zu sich. Sie fragt: „Was ist denn in der Bauecke los gewesen? Wer kann mir sagen, worüber ihr streitet?" Mario antwortet als Erster: „Ich will mit Paul einen ganz großen Turm bauen und der Simon stört uns!" Simon sagt mit etwas weinerlicher Stimme: „Ich will auch bauen – mit der Julia." „Ha, heul doch, Mario war aber der Erste in der Bauecke und der darf bestimmen", meint Paul. Sandra ermahnt Paul, so dürfe er nicht mit Simon reden. Paul schaut verlegen zur Seite. Sandra fasst die bisherigen Aussagen zusammen: „ Also, ihr wollt alle in die Bauecke. Das geht aber nicht, denn dort ist es eng und deshalb dürfen immer nur drei Kinder in die Ecke. Was können wir da jetzt machen?" Mario möchte, dass der Erste in der Bauecke bestimmen kann, wer mit rein darf. Dieser Vorschlag wird von Sandra kommentiert: „Dann entscheidet immer das Kind, das am schnellsten ist. Kleinere Kinder der Gruppe haben dann keine Chance." Mario meint, das sei egal. Es werden noch weitere Vorschläge diskutiert. Schließlich sagt Julia: „Ich hab jetzt sowieso keine Lust mehr. Komm Simon, wir schauen ein Buch an." Die beiden gehen in die Leseecke.

In der Dienstbesprechung am darauffolgenden Tag erzählt Sandra von dem Konflikt in der Bauecke. Sie berichtet, dass Mario seit einigen Wochen durch aggressiv durchsetzendes Verhalten auffällt und damit in der Gruppe auch immer wieder Erfolg habe. Er sei für einige Jungen, wie z. B. Paul, damit zum Vorbild geworden. Kinder wie Simon oder Julia wären mit den Auseinandersetzungen überfordert und würden sich zurückziehen. Sie hält das für ein Problem, das man angehen müsse.

Die Leitung der Einrichtung schlägt vor, sich mit einem Programm zum Umgang mit Konflikten auseinanderzusetzen. Sie hat an einer Fortbildung zum „Faustlos-Konzept" teilgenommen und Informationsmaterial mitgebracht. Sie stellt die Grundzüge des Konzepts ihren pädagogischen Fachkräften vor. Gemeinsam überlegen sie, welche Hilfestellungen und Impulse ihnen dieses Programm im Umgang mit Konflikten geben kann.

5.1 Aufgaben und Fragen

Einstiegsübung

Diskutieren Sie in der Kleingruppe, wo die Grenze zwischen Selbstbehauptung und Aggression verläuft. Suchen Sie Beispiele aus der Praxis, die diese Grenze verdeutlichen können. Sie haben für die Diskussion 15 Minuten Zeit.

Reflektieren Sie nach den 15 Minuten die Diskussion. Folgende Fragen können Sie als Orientierung für die Reflexion heranziehen. Sie müssen nicht alle abgearbeitet werden, sondern dienen dazu, Überlegungen in Gang zu bringen: Herrschte Einigkeit oder gab es sehr unterschiedliche Auffassungen? Warum ist eine Grenzziehung ziemlich schwierig? Was hat meine eigene Lerngeschichte mit meiner heutigen Auffassung zu tun? Welche Auswirkungen hat meine Haltung auf das erzieherische Handeln in konkreten Situationen? Möchte ich etwas in Bezug auf meine Haltung/mein Handeln verändern?

Kontextgebundene Reproduktion

1. Unterscheiden Sie die Begriffe „Aggression“ und „Aggressivität“.
   ▸ Kapitel 13.3

2. Beschreiben Sie unterschiedliche Formen der Aggression und ordnen Sie die in der Lernsituation beschriebenen Verhaltensweisen diesen Formen zu.
   ▸ Kapitel 13.3.1

3. Erläutern Sie mögliche Ursachen für die Entstehung von Aggressionen und klären Sie, von welchen Vorstellungen das Konzept „Faustlos“ im Hinblick auf mögliche Ursachen ausgeht.
   ▸ Kapitel 13.3.2
   ▸ Materialien 1

4. Erläutern Sie die Ziele des Konzepts „Faustlos“ und die Wege der Umsetzung.
   ▸ Materialien 2

Analyse

1. Analysieren Sie, inwiefern Mario, Paul, Simon und Julia bereits Fähigkeiten zeigen, die im Faustlos-Programm gefördert werden sollen und in welchen Bereichen noch Lernbedarf besteht.

2. Erörtern Sie, inwieweit Sandra das konstruktive Verhalten von Kindern fördert und welche Verhaltensweisen eher problematisch sind.

Handlungskonzept

1. Formulieren Sie je drei Ziele für Mario und Simon und begründen Sie diese.

2. Beschreiben Sie, wie diese Ziele mithilfe des Faustlos-Konzepts umgesetzt werden können.
   ▸ Materialien 3

Stellungnahme/Meinungsbildung

Es gibt viele Fachleute, die in der „Abarbeitung“ von Programmen auch Gefahren sehen. Die gelernten Verhaltensweisen könnten auf das Programm beschränkt bleiben und zu wenig in den Alltag übertragbar sein. Bezogen auf „Faustlos“ bedeutet das, dass während der Durchführung des Programms sich die Kinder angepasst und „programmgemäß“ verhalten, Konflikte im Alltag aber nach dem alten Muster mit Aggression gelöst werden.

▸ Materialien 4

Lesen Sie dazu die Materialien, reflektieren Sie gegebenenfalls eigene Erfahrungen mit Programmen und beziehen Sie dann Stellung zu dieser Annahme.

Abschluss

Erstellen Sie eine Mindmap zum Thema Aggression. Stellen Sie den Begriff „Aggression" in den Mittelpunkt. Um dieses Zentrum soll eine Art Landkarte mit allen gelernten Inhalten entstehen. Bedeutsame Inhalte werden von den weniger wichtigen Bereichen optisch unterschieden, Zusammenhänge werden verdeutlicht. Das Modell unten zeigt auf, wie eine Mindmap aussieht, die Anzahl der Verzweigungen ist **keine** Vorgabe, sondern dient nur dazu, sich ein Bild zu machen.

▸ Kapitel 7.5.5

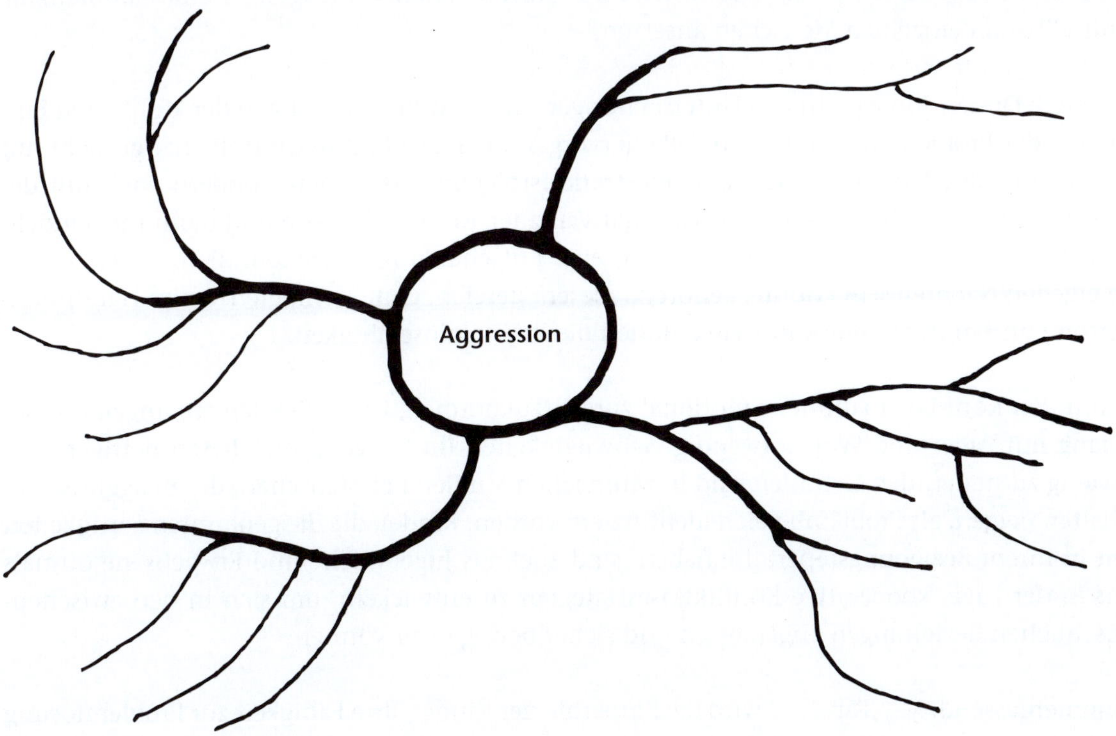

5.2 Materialien

Materialien 1

Faustlos

„‚Faustlos' ist ein für den Kindergarten (und auch für die Grundschule) entwickeltes Curriculum, das impulsives und aggressives Verhalten von Kindern im Vorschulalter vermindern und ihre soziale und emotionale Kompetenz steigern soll. Das Curriculum dient der Prävention aggressiven Verhaltens, das wesentlich aus einem Mangel an sozialen Kompetenzen (= Fähigkeiten) resultiert, was eine konstruktive Form der Problem- und Konfliktbewältigung nicht zulässt. ‚Faustlos' vermittelt grundlegende alters- und entwicklungsangemessene Kenntnisse und Fähigkeiten in den Bereichen Empathie, Impulskontrolle und Umgang mit Ärger und Wut. Das Programm kann leicht in den Kindergartenalltag integriert werden."

Quelle: Cierpka, Manfred/Schick, Andreas: Faustlos. Ein Curriculum zur Förderung sozial-emotionaler Kompetenzen und zur Gewaltprävention für den Kindergarten, Göttingen: Hogrefe, 2004, S. 7

Materialien 2

Die Bausteine des Curriculums „Faustlos“

„(...) ‚Faustlos‘ fördert vor allem die Empathiefähigkeit. (...) Die Empathie zu fördern bedeutet, sich in die Gefühle und das Denken des Gegenübers hineinversetzen zu können und die Reaktionen des anderen zu erahnen. Dies wird dann möglich, wenn man die Perspektive des anderen zumindest für den Moment übernehmen kann und sich in seine Lage versetzt. Das Fördern der Empathie bei gefährdeten Personen gilt in der Gewaltforschung als eine der wichtigsten Möglichkeiten für die sogenannte personenzentrierte Prävention, jenen vorbeugenden Maßnahmen, die unmittelbar am einzelnen Menschen ansetzen.

Als weitere Dimension wird in den Untersuchungen zur Gewaltentstehung in der kindlichen Entwicklung das Problem der Impulskontrolle hervorgehoben. Die Impulskontrolle hängt nicht nur mit der individuellen Spannungs- und Frustrationstoleranz zusammen, sondern auch mit der Fähigkeit, unterschiedliche Handlungsalternativen zuerst in der Fantasie und dann im Handeln durchspielen zu können. Auch die Fähigkeit, eine Entscheidung zu treffen, die möglicherweise zum eigenen Nachteil sein könnte, gehört zu diesem Bereich. Gute Kompetenzen im Handlungsrepertoire und in der Impulskontrolle erhöhen die Problemlösefähigkeit.

Um mit den Konfliktsituationen emotional zurechtzukommen, ist schließlich ein angemessener Umgang mit Ärger und Wut notwendig. Schwierigkeiten im Umgang mit diesen heftigen und schwierig zu steuernden Gefühlen sind in zahlreichen Studien bei Menschen, die zu aggressivem Verhalten neigen, als Problembereich identifiziert worden. Kinder, die die genannten Fertigkeiten nicht in ihrem Beziehungsrepertoire haben, sind auch als Jugendliche und Erwachsene oftmals nicht in der Lage, kooperative Konfliktlösestrategien zu entwickeln, um sich in den zwischenmenschlichen Beziehungen angemessen und sicher bewegen zu können.

Zusammenfassend: Mit ‚Faustlos‘ wird die Empathie der Kinder, ihre Fähigkeit zur Problemlösung und ihr Umgang mit heftigen Gefühlen gefördert, damit sie in zwischenmenschlichen Konflikten bestehen können, ohne auf Gewalt als Mittel zur Durchsetzung eigener Interessen zurückgreifen zu müssen.
‚Faustlos‘ versteht Empathie als ein ‚Set von Fähigkeiten und Fertigkeiten‘, das die Fähigkeit, die Gefühle anderer wahrzunehmen, zu verstehen und zu beantworten, einschließt. Empathie ist weder eine Tugend noch eine rein geschlechtstypische Charaktereigenschaft. Sie kann zum großen Teil vermittelt werden.
‚Faustlos‘ fördert die Impulskontrolle mit Konzentration auf zwei Strategien: Das zwischenmenschliche Problemlösen wird gefördert und das Training sozialer Verhaltensfertigkeiten. Das Lösen von Problemen erfolgt durch die Vermittlung systematischer Gedankenschritte, die in Konfliktsituationen eingesetzt werden. Das Training sozialer Verhaltensfertigkeiten vermittelt Verhaltensweisen wie ‚sich entschuldigen‘ oder ‚mitmachen‘, die in verschiedenen sozialen Situationen angewendet werden können, um Kinder selbstsicherer werden zu lassen.
‚Faustlos‘ versucht auch, Kinder im Umgang mit Ärger und Wut sicherer zu machen. Es geht darum, die Wahrnehmung der Auslöser von Ärger und Wut zu verbessern und nach konstruktiven Lösungen zu suchen. In besonders schwierigen Situationen hilft es aber auch, zuerst Beruhigungstechniken anzuwenden, um dann an die Problemlösung zu gehen. Wutanfälle können auch prophylaktisch verhindert werden, wenn die Kinder die Möglichkeit bekommen, über den Vorfall und die Konfliktsituation, die den Ärger ausgelöst haben, nachzudenken. Das Gefühl, auch in der heftigsten Situation ruhig nachdenken zu können, macht Kinder selbstsicher.“

Quelle: Cierpka, Manfred: Faustlos – Wie Kinder Konflikte gewaltfrei lösen lernen, 7. Auflage, Freiburg im Breisgau: Herder Verlag, 2009, S. 37 f.

Materialien 3

Beispiellektion/Lektion 4 „Umgang mit Hänseleien"

„Der wilde Willi und die ruhige Schneck

Wie im Kindergarten üblich können zu Beginn der Lektion in der Aufwärmphase der ‚wilde Willi' und die ‚ruhige Schneck' zum Einsatz kommen. Die ruhige Schneck könnte gehänselt und mit Schimpfwörtern bedacht werden, bis sie sich wehrt und den wilden Willi in seine Schranken verweist. Die Erzieherin kann an dieser Stelle auch darauf hinweisen, dass der ‚wilde Willi' eigentlich nur ‚Willi' heißt und die ‚ruhige Schneck' nur ‚Schneck'. Die Erzieherin hat beiden schon einen Namen (wild bzw. ruhig) gegeben, der den beiden vielleicht gar nicht gefällt. Sie kann dann sagen, dass man manchmal solche Namenspiele spielt, die Spaß machen, wie z. B. der ‚wilde Willi und die ruhige Schneck'. Namenspiele können Spaß machen, manchmal aber auch die Gefühle verletzen. Wenn jemand die Neckereien/Hänseleien nicht mehr lustig findet, sollte das Spiel beendet werden.

Die Erzieherin hat nach dieser Eröffnung die Möglichkeit, das aktuelle Thema für die Stunde einzubringen: ‚Heute sprechen wir darüber, was ihr machen könnt, wenn ihr gehänselt werdet und das nicht wollt, weil es euch verletzt.'

Das nachfolgende Foto wird den Kindern gezeigt: ‚Das sind Anna und Patrick. Anna ist auf dem Weg zum Kindergarten. Patrick läuft ihr hinterher, stupst sie und gibt ihr komische Namen wie ‚rote Kröte'!'

(Anm. d. Verlags: das Originalfoto stand nicht zur Verfügung, den Kindern kann auch ein der Situation entsprechendes eigenes Foto gezeigt werden)

Die Erzieherin versucht dann, mit den Kindern ins Gespräch zu kommen. Sie könnte fragen:

1. Was denkt ihr, wie fühlt sich Anna? – Sie ist traurig, wütend, verletzt. Nach den Bemerkungen der Kinder kann die Szene von der Erzieherin zusammengefasst werden: Anna möchte am liebsten schreien. Sie würde Patrick gerne beschimpfen.

2. Was würde passieren, wenn Anna nun auch Patrick beschimpfen würde? – Sie könnten anfangen zu kämpfen; Patrick könnte sich verletzt fühlen. Sie werden keine Freunde werden.

3. Was kann Anna tun, um sich zu beruhigen? – Die drei Möglichkeiten zur Beruhigung werden in der Reihenfolge durchgesprochen, in der die Kinder sie nennen: Dreimal tief einatmen, langsam bis fünf zählen, zu sich selber sagen: ‚Beruhige dich.'

4. Was kann Anna noch tun? – Patrick sagen, wie sie sich fühlt. Ihn auffordern, damit aufzuhören. Ihm nicht zuhören; es jemandem erzählen. Die Erzieherin versucht, mit den Kindern im Gespräch zu bleiben und ermutigt sie, möglichst viele Gedanken einzubringen. Sie könnte sagen: ‚Das ist eine Idee, was könnte sie noch tun?' Die Konsequenzen von Hänseleien und Beschimpfungen sollten ebenfalls angesprochen werden.

5. Was würde passieren, wenn ...? – Es könnte Streit geben, Anna könnte sehr wütend werden. Schließlich sollten die Möglichkeiten für Anna besprochen werden, sich zu wehren.

6. Wenn dich jemand hänselt, was glaubst du, würdest du tun?

Die Erzieherin kann die Bemerkungen der Kinder wieder zusammenfassen und ihnen die folgenden Empfehlungen geben: ‚Wenn ihr von jemand anderem nicht mehr gehänselt oder geneckt werden wollt, dann gibt es drei Dinge zu beachten:
1. Beruhigt euch.
2. Sagt: ‚Es verletzt mich, wenn du mich neckst' oder ‚Ich mag nicht, wenn du mich hänselst.'
3. Sagt: ‚Hör damit auf.'

Wenn das nicht funktioniert und der oder die andere weitermacht, dann erzählt es jemandem.'

Die einzelnen Schritte werden mit den Kindern in Rollenspielen geübt."

Quelle: Cierpka, Manfred: Faustlos - Wie Kinder Konflikte gewaltfrei lösen lernen, 7. Aufl., Freiburg im Breisgau: Herder Verlag, 2009, S. 97 f.

Materialien 4

„Universelle Gewaltprävention in Form aktiver Entwicklungsbegleitung [...]
Während der Kindergartenjahre steht gerade für den Umgang mit Aggressionen und Agieren in Konflikten ein ganzes Sortiment an bedeutenden Entwicklungsaufgaben an, die auch die gängigen Präventionsprogramme ins Auge fassen. Versucht man das gemeinsame Ziel der inzwischen vielfältig erarbeiteten, universellen Präventionsprogramme zur Förderung sozial-emotionaler Kompetenzen weitgehend unauffälliger Kinder zu benennen, so geht es in der Hauptsache darum, Kinder in die Lage zu versetzen, soziale Hinweisreize so interpretieren zu können, dass das Verhaltensresultat von Betroffenen wie Außenstehenden akzeptiert und toleriert werden kann. Alle Programme intendieren, dass ein Kind mit Emotionen umgehen kann, Empathie entwickelt, aber auch im Laufe der Zeit immer mehr soziales Wissen speichert und Regeln kennenlernt.

Die folgenden sozialen Kernkompetenzen finden sich zumeist gebündelt – wenn auch in unterschiedlicher Schwerpunktsetzung – als Trainingsangebote in den bekanntesten universellen Präventionsprogrammen (z. B. Gewaltpräventionsprogramme ‚Second Step', ‚F austlos', ‚Eigenständig werden', ‚Lions Quest'):

- Erkennen und Ausdrücken von Gefühlen zur Förderung einer differenzierten Selbst- und Fremdwahrnehmung
- Förderung der Empathiefähigkeit
- Förderung der Selbst- und Impulskontrolle sowie einer angemessenen Emotionsregulation
- Differenzierung der sozialen Wahrnehmung
- Umgang mit Ärger und Wut
- Modelle für Problemlösungen und Anwendung dieser Strategien
- Umgang mit Stress
- Steigerung der Selbstwerteinschätzung
- Angemessene Selbstbehauptung

Es handelt sich bei all diesen Spezialprogrammen ohne Zweifel um wertvolle Entwicklungsangebote. Doch tendenziell lässt sich beobachten, dass es zu einer Steigerung und vor allem Stabilisierung der präventiven Effekte kommt, wenn in möglichst variierenden Kontexten außerhalb des Projektrahmens gleichlautende Alltagserfahrungen gemacht werden können. Diese werden vermittelt oder angeregt durch Erwachsene, als Autorität im Sinne eines demokratischen Erziehungsmodells, und durch sozialkompetente Peers im Sinne eines sozial attraktiven, da erfolgreichen Nachahmungsmodells.

Quelle: Haug-Schnabel, Gabriele: Aggressionen bei Kindern, Freiburg im Breisgau: Herder, 2009, S. 71 ff.; gekürzt

TIPPS zum Weiterlesen

– Petermann, Franz/Döpfner, Manfred/Schmidt, Martin H.: Ratgeber Aggressives Verhalten, 2. Aufl., Göttingen: Hogrefe Verlag, 2008.

– Hang-Schnabel, Gabriele: Aggression bei Kindern, Freiburg im Breisgau: Herder Verlag, 2009.

6 Lernsituation Sarah

Arbeitsfeld Kindertagesstätte – Thema: Familie/ Übergang Kindergarten – Grundschule

Sarah, 5 Jahre und 10 Monate alt, besucht die Kindertagesstätte „Regenbogen". Sie lebt allein mit ihrer Mutter in einer geräumigen 3-Zimmer-Wohnung. Sarahs Mutter ist berufstätig, sie hat eine gute Position in einer großen Firma. Vor zwei Jahren hat sie sich von ihrem Mann getrennt und ist inzwischen geschieden. Der Kontakt zum Vater beschränkt sich auf ein Wochenende im Monat. Nach anfänglichen Problemen kommt Sarah mit der Situation gut zurecht. Die Mutter kümmert sich liebvoll um ihre Tochter.

Sarah besitzt einen umfangreichen Wortschatz, ihr unterlaufen selten grammatikalische Fehler, sie kennt bereits einige Buchstaben und kann auch schon etwas lesen. Das Mädchen hat ein ausgezeichnetes Gedächtnis, sie kann sich Namen und Geschichten mühelos merken, auch ist sie in der Lage, Farben und Formen zu unterscheiden und treffend zu benennen. Erstaunlich für ihr Alter ist, wie gut sie Zusammenhänge erkennen kann. Sie versteht komplexe Dinge und denkt oft anders als ihre Altersgenossen. Beispielsweise hat man in der Einrichtung ein Projekt zum Thema „Armut" durchgeführt. Es hingen Bilder an der Wand, die Kinder aus aller Welt zeigten, die in ärmlichen Verhältnissen leben. Als die Kinderpflegerin fragte, was sich all diese Kinder wohl wünschten, antworteten andere Kinder z. B. Geld, einen Gameboy oder ein Haus. Sarah dagegen meinte: „Die Kinder wünschen sich das, was bei uns selbstverständlich ist, z. B. möchten sie, dass ihre Eltern Zeit für sie haben und nicht so hart arbeiten müssen. Klar wollen sie auch ein bisschen Geld, um sich Essen kaufen zu können und für Medizin und natürlich auch eine saubere Wohnung, damit sie vor Regen und Wind geschützt sind."

Ein Problem ist Sarahs schwankende Motivation. Sie kann sehr schön malen und basteln. Sie kann präzise arbeiten, ihre Arbeiten sind meist sauber und ordentlich. Es kommt aber auch vor, dass sie keine Lust hat, dann schmiert sie drauflos, malt über den Rand, nimmt zu viel Kleber usw., es scheint ihr dann egal zu sein, wie das Werk am Ende aussieht. Das Gleiche gilt für andere Bereiche wie Zuhören, Turnen, Tischdienst. Wenn sie keine Lust hat, strengt sie sich überhaupt nicht an. Auch gutes Zureden hilft dann nicht weiter. Die Mutter ist deswegen in Sorge, denn Sarah soll im nächsten Herbst eingeschult werden. In der Schule muss sie bei der Sache sein, sonst gibt es Probleme.

6.1 Aufgaben und Materialien

Einstiegsübung

Stufen

„Wie jede Blüte welkt und jede Jugend
Dem Alter weicht, blüht jede Lebensstufe,
Blüht jede Weisheit auch und jede Tugend
Zu ihrer Zeit und darf nicht ewig dauern.
Es muss das Herz bei jedem Lebensrufe
Bereit zum Abschied sein und Neubeginne,
Um sich in Tapferkeit und ohne Trauern
In andre, neue Bindungen zu geben.
Und jedem Anfang wohnt ein Zauber inne,
Der uns beschützt und der uns hilft, zu leben.

Wir sollen heiter Raum um Raum durchschreiten,
An keinem wie an einer Heimat hängen,
Der Weltgeist will nicht fesseln uns und engen,
Er will uns Stuf´ um Stufe heben, weiten.
Kaum sind wir heimisch einem Lebenskreise
Und traulich eingewohnt, so droht Erschlaffen,
Nur wer bereit zu Aufbruch ist und Reise,
Mag lähmender Gewöhnung sich entraffen.

Es wird vielleicht auch noch die Todesstunde
Uns neuen Räumen jung entgegen senden,
Des Lebens Ruf an uns wird niemals enden…
Wohlan dann, Herz, nimm Abschied und gesunde!“

(Hermann Hesse)

Hermann Hesse hat eine bestimmte Sicht auf die Stufen des Lebens und damit auf die Übergänge, die Menschen bewältigen müssen. Diskutieren Sie die Sichtweise des Dichters anhand von Übergängen, die Sie selbst erlebt haben und im Hinblick auf den Übergang vom Kindergarten zur Grundschule, der für Sarah demnächst ansteht.

Kontextbezogene Reproduktion

1. Die Familie ist für jedes Kind von großer Bedeutung.

1.1 Mit dem Begriff „Familie“ verbindet jeder seine eigenen Vorstellungen. Jeder Versuch, den Begriff zu definieren, wird durch die Vielzahl von Familienformen infrage gestellt. Beschreiben Sie unterschiedliche Familienformen.

▸ **Kapitel 3.1.3**

1.2 Die Familienform, in der Kinder aufwachsen, hat einen erheblichen Einfluss auf ihre Entwicklung. Beschreiben Sie mögliche Auswirkungen der Ein-Eltern-Familie und überprüfen Sie Ihre Aussagen im Hinblick auf die Situation von Sarah.

▸ **Kapitel 3.1.3**

▸ Materialien 1

2. Sarahs Mutter macht sich Sorgen, ob ihre Tochter allen Anforderungen der Schule gerecht werden kann.

2.1 Der Begriff „Schulfähigkeit" hat sich in den letzten Jahren stark gewandelt. Beschreiben Sie die Veränderung und klären Sie den Begriff aus der aktuellen Sicht.

▸ **Kapitel 10.3.3**

2.2 Die Vorbereitung auf die Schule beginnt mit dem Eintritt in die Tageseinrichtung für Kinder. Aufgabe der Institution ist es, u. a. die Entwicklung von Basiskompetenzen beim Kind zu unterstützen. Klären Sie den Begriff „Basiskompetenzen" und erläutern Sie die Bedeutung der Kompetenzen „intrinsische Motivation", „Kommunikationsfähigkeit" und „lernmethodische Kompetenzen" für den Schulbesuch.

▸ **Kapitel 10.3.4**

2.3 Neben den Basiskompetenzen spielen auch schulnahe Kompetenzen (= Vorläuferfunktionen) für den Übertritt vom Kindergarten in die Grundschule eine wichtige Rolle. Beschreiben Sie Vorläuferfähigkeiten, die als besonders bedeutsam für einen erfolgreichen Schulstart erachtet werden.

▸ **Kapitel 10.3.4**

▸ Materialien 2

Analyse

1. Analysieren Sie die Lernsituation hinsichtlich Sarahs Basiskompetenzen und Vorläuferfähigkeiten.

2. Ermitteln Sie die Problemlagen, die in der Lernsituation offensichtlich werden.

Handlungskonzept

1. Formulieren Sie auf der Grundlage Ihrer Analyse drei Ziele für Sarah. Achten Sie darauf, nicht nur Defizite zu berücksichtigen.

2. Zeigen Sie auf, wie Sie diese Ziele in der Praxis realisieren können. Berücksichtigen Sie dabei sowohl gezielte Angebote als auch Alltagssituationen.

Meinungsbild/Stellungnahme

Einerseits wurde das Einschulungsalter deutlich herabgesetzt, andererseits wird von Eltern zunehmend beklagt, dass der „Schul- und Hausaufgabenstress" der Kinder das familiäre Klima bestimmt. Es ist auch keine Seltenheit, dass bereits Grundschüler eine Klasse wiederholen müssen. Nehmen Sie begründet zu dieser Problematik Stellung.

Abschluss

Erstellen Sie ein Kreuzworträtsel, das wichtige Begriffe zu den Themen „Familie" und „Übergänge" abfragt. Dabei können Sie sich auf weiterführende Aspekte zu diesen Themen beziehen, die Sie im Buch unter den Kapiteln 3.1, 10.2 und 10.3 bzw. in den Materialien finden. Das unten aufgeführte Beispiel erleichtert Ihnen den Anfang:

										11 T			
										R			
										A			
										N			
5 G	E	D	A	E	C	H	T	N	I	S			
										I			
										T			
										I			
									9 R	O	L	L	E
										N			

Waagrecht

5 eine kognitive Kompetenz, die vorwiegend in der Schule benötigt wird

9 Verhaltenserwartungen, die eine Gruppe an den Inhaber einer sozialen Position stellt

Senkrecht

11 Wie wird der Übergang in der Fachliteratur bezeichnet?

6.2 Materialien

Materialien 1

„Die potenziellen Auswirkungen von Scheidung (...)

Eindeutig kann eine Scheidung bei manchen Kindern negative Auswirkungen haben. Dennoch geraten die meisten Kinder in der Folge der Scheidung ihrer Eltern nicht in größere, dauerhafte Schwierigkeiten. Einige Experten schätzen zwar, dass 20 bis 25 % der Scheidungskinder schwerere Probleme zeigen, verglichen mit 10 % der Kinder aus intakten Familien (...); andere Experten kommen jedoch zu niedrigeren Schätzungen (...). So ist eine Scheidung für Kinder meistens eine sehr schmerzhafte Erfahrung, doch sind die Unterschiede zwischen Kindern aus Scheidungsfamilien und Kindern aus intakten Familien insgesamt recht klein, was das psychische und soziale Befinden betrifft. Es kommt hinzu, dass diese Unterschiede häufig eine Ausweitung derjenigen Unterschiede widerspiegeln, die im psychischen Leben der Kinder und/oder ihrer Eltern auch schon viele Jahre vor der Scheidung bestanden haben (...).

Was beeinflusst die Auswirkungen von Scheidung?

Eine Vielzahl interagierender Faktoren scheint zur Vorhersage nötig zu sein, ob die schmerzlichen Erfahrungen von Scheidung und Wiederheirat bei den Kindern bedeutsame oder andauernde Probleme verursachen. Es handelt sich hier um die Frage nach interindividuellen Unterschieden: Warum verkraften manche Kinder eine Scheidung besser als andere?

Elterliche Konflikte

Eine Einflussgröße darauf, wie gut sich Kinder auf eine Scheidung einstellen können, ist das Ausmaß der Konflikte zwischen den Eltern vor, während und nach einer Scheidung. So kann das Ausmaß der Konflikte die Folgen für die Kinder sogar besser vorhersagen als die Tatsache der Scheidung selbst. Es ist für Kinder nicht nur anstrengend und unangenehm, Konflikte zwischen ihren Eltern zu beobachten; sie können bei den Kindern auch Unsicherheitsgefühle über ihre eigenen Beziehungen zu den Elternteilen auslösen (...). Zum Beispiel können Kinder befürchten, dass ihre Eltern sie verlassen oder nicht mehr lieb haben werden. Die Konflikte zwischen den Eltern werden oft noch stärker, wenn die Bedingungen der Scheidung ausgehandelt werden und können sich noch Jahre nach der Scheidung hinziehen. Insbesondere wenn die Kinder im Rahmen der elterlichen Streitereien Zeuge von Gewaltanwendung wurden, kann das für die Kinder nicht nur äußerst schlimm sein, sondern auch die Wahrscheinlichkeit erhöhen, dass sie selbst als Erwachsene Gewalt gegenüber ihren Partnern einsetzen werden (...). Die elterlichen Konflikte haben besonders dann negative Auswirkungen für Kinder, wenn diese sich mitten hineingezogen fühlen, sodass sie in die Rolle des Vermittlers zwischen den Eltern gezwungen werden oder einen Elternteil darüber informieren müssen, was der andere jeweils tut. Ein ähnlicher Druck kann entstehen, wenn die Kinder das Gefühl haben, vor dem einen Elternteil Informationen über den anderen oder die eigene Loyalität gegenüber dem anderen verbergen zu müssen. Jugendliche, die das Gefühl haben, in die Konflikte ihrer geschiedenen Eltern hineingeraten zu sein, besitzen ein erhöhtes Risiko für die Ausbildung von Depression und Angst und für die Entstehung von Problemverhalten wie trinken, klauen, in der Schule betrügen, schwänzen, sich prügeln, eine Waffe tragen oder Drogen nehmen (...).

Stress

Ein zweiter Faktor, der sich darauf auswirkt, wie gut sich Kinder auf eine Scheidung einstellen können, ist der Stress, den der sorgeberechtigte Elternteil und das Kind selbst in der neuen Familienordnung erleben. Der beim Kind gebliebene Elternteil muss nicht nur mit all dem irgendwie zurechtkommen, was sich normalerweise beide Eltern teilen – Haushalt, Kinderbetreuung und finanzielle Verantwortung –, sondern dies oft auch noch isoliert von anderen Menschen, die unter anderen Umständen geholfen hätten. Diese Isolation tritt typischerweise auf, wenn der Elternteil mit dem Kind umziehen muss und damit den Zugang zu dem vorher vorhandenen sozialen Netz verliert oder wenn Freunde und – insbesondere angeheiratete – Verwandte bei der Scheidung Partei ergreifen und sich gegen ihn stellen. Es kommt hinzu, dass die betreuenden Mütter meistens einen beträchtlichen Einkommensverlust erleiden, und nur eine Minderheit der Mütter erhält die vollen Alimente (...). All das kann sich auf die oben beschriebenen Konflikte noch auflagern. So ist es geradezu vorhersagbar, dass der sorgeberechtigte Elternteil, in der Regel die Mutter, meistens nicht nur gestresst ist, sondern zugleich auch wütend, verletzt oder deprimiert.

In der Folge all dieser Faktoren ist das Erziehungsverhalten der frisch geschiedenen Mütter häufig, verglichen mit Müttern in Zwei-Eltern-Familien, durch erhöhte Reizbarkeit und äußere Zwänge gekennzeichnet sowie durch geringere Wärme, Konsequenz und Überwachung der Kinder (...). Das ist ein besonders unglücklicher Umstand, weil Kinder während und nach einer Scheidung meistens dann am besten zurechtkommen, wenn der betreuende Elternteil Unterstützung bietet und einen autoritativen Erziehungsstil ausübt (...). Das Erziehungsverhalten wird für die Mütter außerdem noch dadurch erschwert, dass die nicht erziehungsberechtigten Väter häufig permissiv und nachgiebig gegenüber ihren Kindern sind (...), was die Wahrscheinlichkeit erhöht, dass sich die Kinder über die mütterlichen Versuche, ihrem Verhalten Regeln und Grenzen zu setzen, aufregen und sich widersetzen. (...)

Kontakt mit dem Vater

Entgegen der Alltagsmeinung ist die Häufigkeit des Kontakts mit dem – nicht mehr mit dem Kind zusammenlebenden – Vater als solche noch kein entscheidender Faktor für die Anpassung der Kinder nach einer Scheidung (...). Bedauerlicherweise ist das eine gute Nachricht, weil die Datenlage so aussieht, dass weniger als 50 % der nicht sorgeberechtigten Väter mehr als einmal pro Jahr Kontakt mit ihren Kindern haben (...). Was die Anpassung der Kinder nach der Scheidung beeinflusst, ist die Qualität des Kontakts mit dem Vater: Kinder, die mit einem kompetenten, unterstützenden, autoritativen Vater in Kontakt geblieben sind, sind besser angepasst als Kinder, die mit ihrem Vater zwar häufige, aber oberflächliche oder gestörte Kontakte haben (...).

Der Beitrag der elterlichen Eigenschaften

Wie schon an früherer Stelle bemerkt, darf man nicht vergessen, dass die erhöhte Häufigkeit von Verhaltensproblemen bei Kindern aus geschiedenen und wieder verheirateten Familien nicht ausschließlich auf die Scheidung und Wiederverheiratung selbst zurückgeht. Vielmehr hängen die Probleme manchmal mit Eigenschaften der Eltern zusammen, die schon lange vor der Scheidung vorhanden waren und die Wahrscheinlichkeit von Erziehungsdefiziten erhöht haben. Zum Beispiel mag es den Eltern schwerfallen, mit Stress umzugehen oder soziale Beziehungen einzugehen, die dem Wohlbefinden dienlich sind. Für eine solche Annahme spricht die Tatsache, dass Scheidungseltern häufiger als nicht geschiedene Eltern neurotisch, depressiv, alkoholkrank oder soziopathisch sind, gestörte Beziehungsansichten haben oder nicht die notwendigen Fähigkeiten besitzen, um mit Konflikten und negativen Emotionen zielführend umgehen zu können (...). Jede einzelne dieser Eigenschaften würde die Qualität des elterlichen Verhaltens wahrscheinlich verschlechtern. Natürlich tragen viele Faktoren dazu bei, ob sich Menschen scheiden lassen oder nicht; dysfunktionale Verhaltensweisen und Persönlichkeitseigenschaften bilden nur einen Faktor, der zu den Schwierigkeiten von Scheidungskindern beitragen kann.

Der Beitrag der Eigenschaften der Kinder

Die erhöhte Häufigkeit von Verhaltensproblemen bei Scheidungskindern kann auch mit Eigenschaften der Kinder selbst zusammenhängen. Kinder, deren Eltern sich scheiden lassen, sind in ihrem Verhalten auch vor der Scheidung häufig schon schlechter angepasst als Kinder aus intakten Familien (...). Dieser Unterschied kann auf häuslichen Stress zurückgehen, auf schlechte Erziehung oder auf Konflikte zwischen Eltern im Vorfeld der Scheidung. Alternativ oder zusätzlich dazu können auch vererbte Eigenschaften wie mangelnde Selbstregulierung oder eine Veranlagung zu negativen Gefühlen verantwortlich sein (...). Solche Eigenschaften dürften nicht nur den Anpassungsproblemen der Kinder zugrunde liegen, sondern auch die Wahrscheinlichkeit einer Scheidung erhöhen, wenn sie sowohl bei den Kindern als auch bei den Eltern zum Ausdruck kommen (...). Im Sinne der Vorstellung des aktiven Kindes können Kinder mit schwieriger Persönlichkeit und eingeschränkter Bewältigungsfähigkeit auch ungünstiger als andere Kinder auf die negativen Ereignisse reagieren, die mit einer Scheidung einhergehen.

Positive Scheidungsfolgen
Schließlich darf man nicht vergessen, dass die Scheidung der Eltern für das Kind auch positive Folgen haben kann, insbesondere wenn es dadurch nicht mehr dem Konflikt zwischen den Eltern ausgesetzt ist. Tatsächlich werden einige Töchter im Zusammenleben mit ihrer alleinerziehenden Mutter zu außerordentlich widerstandsfähigen Individuen, die mit Widrigkeiten und Problemen sehr gut umgehen können, nachdem sie offenbar den Veränderungen und Verantwortlichkeiten im Anschluss an die Scheidung erfolgreich begegnen konnten (...).

Quelle: Siegler, Robert/DeLoache, Judy/Eisenberg, Nancy: Entwicklungspsychologie im Kindes- und Jugendalter, Deutsche Auflage hrsg. v. Sabine Pauen, München: Spektrum, 2005, S. 674 ff; gekürzt

Materialien 2

„Was heißt Literacy in der frühen Kindheit?

Die Symbole einer Kultur verstehen
Die 3-jährige Katharina spielt mit ihrem Freund Max in der Puppenecke. Katharina nimmt sich ein Buch und setzt sich Max gegenüber. Sie erzählt die Geschichte von Frederick, der Maus. Sie blättert die Seiten des Buches so um, dass man den Eindruck hat, sie würde vorlesen. Dabei hält sie aber gar nicht das Buch von Frederick in den Händen, sondern ein Märchenbuch mit einer ganz anderen Geschichte.

Im traditionellen Sinn wurde diese Aktivität lange Zeit nicht als Lesen bezeichnet, denn Katharina liest ja nicht wirklich die Geschichte von Frederick. Sie macht aber das, was sie bei ihren Eltern und Erzieherinnen beobachtet hat – sie tut so, als ob sie lesen würde. Weil ihr sowohl zu Hause als auch in der Kita von klein auf regelmäßig vorgelesen wurde, ist sie mit Büchern und Vorlesen vertraut. Heutzutage wird solch eine Aktivität beschleunigt, wenn das Kind die Möglichkeit bekommt, genug Erfahrungen zu sammeln. Als Antwort auf dieses Umdenken wurden Eltern und pädagogische Fachkräfte ermuntert, mehr direkte Anweisungen und strukturierte Curricula in frühpädagogischen Programmen und im Kindergarten zu verwenden mit dem Ziel, die Kinder auf das Lesen vorzubereiten. In diesen Programmen zur Lesefähigkeit wurde angenommen, dass Kinder dann für den Leseerwerb bereit sind, wenn sie gewisse soziale, physische und kognitive Kompetenzen erreicht haben.

Erst zu Beginn der 1970er Jahre tauchte der Begriff ‚emergent literacy' (wachsende, frühe Literacy) auf, mit dem das Literacy-Verhalten kleiner Kinder im Umgang mit Büchern und Schrift beschrieben wurde, obwohl sie im konventionellen Sinn noch gar nicht lesen und schreiben können. Es wird nun nicht mehr angenommen, Literacy ist ein Prozess, der weit vor der Einschulung beginnt und durch das Erwachsenenleben hindurch anhält. Die Definition von Literacy ist in den vergangenen Jahren wesentlich ausgeweitet worden. Literacy wird nicht mehr einfach als eine kognitive Fertigkeit aufgefasst, sondern als ein komplexer und aktiver Prozess mit kognitiven, sozialen, sprachlichen und psychologischen Aspekten. Literacy wird als die Fähigkeit eines Individuums gesehen, die Symbole einer Kultur – dazu gehören auch Zahlen – verstehen und selbst anwenden zu können. Literacy umfasst die Fähigkeit, zu lesen, zu schreiben, zu sprechen, zuzuhören und zu denken. Dazu gehören auch Medienkompetenz und das Verständnis mathematischer Konzepte. Kinder lernen diese Fähigkeiten durch reale Gelegenheiten und durch die Unterstützung von Eltern, Erzieherinnen und Gleichaltrigen. Literacy schließt alle Aspekte der Kommunikation in alltäglichen Situationen ein. Lesen ist untrennbar mit diesem breiten Konzept von Literacy verbunden. Es ist der Eckpfeiler von Bildung und die Grundlage für lebenslanges Lernen.

Kinder durchschreiten alle wesentlichen Stadien der Literacy-Entwicklung auf unterschiedliche Art und Weise und in verschiedenen Altersstufen. Sie erwerben grundlegende Lesefertigkeiten in den ersten drei Grundschuljahren, aber um später richtig flüssig lesen zu können, müssen sie die entscheidenden frühen Literacy-Fertigkeiten entwickelt haben: gute Zuhör- und Sprachfertigkeiten, Vertrautsein mit Sprachstrukturen, Aufmerksamkeitsfertigkeiten und Verfügen über einen entwicklungsangemessenen Wortschatz.

Kinder entwickeln ganz unterschiedliche frühe Literacy-Fertigkeiten, noch bevor sie mit dem eigentlichen Lesen und Schreiben beginnen:

- Wissen, warum wir lesen und schreiben: die Funktion von Schrift begreifen; sich selbst als Leser und Schreiber wahrnehmen; wissen, dass es der geschriebene Text ist, der gelesen wird, und nicht die Bilder
- Wissen über Lesen und Schreiben, das heißt Wissen darüber, wie wir lesen und schreiben (zum Beispiel, dass man bei uns von links nach rechts und von oben nach unten liest), Buchstabenkenntnis, Kenntnis der Buchstaben-Laut-Beziehungen, phonologische Bewusstheit
- Bewusstheit über die Struktur der Sprache, zum Beispiel Laute, Satzbau, Wortbildung
- Aspekte der mündlichen Sprache, zum Beispiel Wortschatz, Erzählkompetenz und Sprachverständnis

Literacy fängt schon ganz früh an

Kinder beginnen ihre Reise als Leser und Schreiber schon sehr früh in ihrem Leben. Die Wurzeln von Lesen und Schreiben liegen in der gesprochenen Sprache, mit der Kinder schon in ihren ersten Lebensmonaten Erfahrungen sammeln. Sie werden jedoch nicht automatisch kompetente Leser. Damit sie bis zum Ende der Grundschule auch richtig gut lesen können, muss ihr Fortschritt während der vorangehenden Jahre sehr eng von Erziehern, Lehrern und Eltern begleitet werden.

Literacy-Entwicklung geschieht in den alltäglichen Zusammenhängen zu Hause, in der Gemeinschaft und in Bildungseinrichtungen. Kinder lernen in Situationen, in denen die Verwendung von Schrift erforderlich ist und die Teil des kindlichen Alltags sind. Diese Situationen sind meist sozialer Natur – in Interaktion mit Erwachsenen und anderen Kindern durch gemeinsame Teilnahme, Zusammenarbeit und Unterstützung. Literacy-Aktivitäten sind zweckmäßigerweise eingebettet in alle Bildungsbereiche, zum Beispiel Kunst, Mathematik, Naturwissenschaften.

Kinder lernen etwas über Schriftsprache immer dann, wenn sie aktiv von Erwachsenen in Lese- und Schreibsituationen eingebunden werden, beispielsweise beim Schreiben einer Einkaufsliste oder beim Überprüfen von Rechnungen im Restaurant. Sie lernen, wenn sie in ihrem Umfeld andere beobachten, die etwas lesen, schreiben, vorlesen oder mit Mathematik umgehen. Kinder merken sich dabei nicht nur Wörter, sondern sie lernen auch etwas über die Bedeutung der Wörter und darüber, wie durch Wörter eine Geschichte erzählt wird – vor allem, wenn sie zum hundertsten Mal eine Geschichte hören.

Literacy-Fähigkeiten erwerben Kinder am besten im Spiel. Sie üben in ihren vielfältigen Interaktionen mit anderen Kindern auch während der Freispielzeit. Hier lassen sie ihre sprachlichen und konzeptuellen „Muskeln“ spielen und steuern gleichzeitig auch etwas zur Entwicklung anderer Kinder bei. So ist es auch nicht verwunderlich, dass der Wortschatz von Kindern, die viel Zeit dem Fernseher opfern, geringer ist als der von Kindern, die häufig mit anderen Kindern spielen.

Fast alle Kinder in unserer Gesellschaft entwickeln schon früh in ihrem Leben ein Verständnis vom Lesen und Schreiben. Die meisten Kinder können mit zwei bis drei Jahren Zeichen (zum Beispiel ‚McDonalds‘), Etiketten (zum Beispiel ‚Nutella‘) oder Logos (zum Beispiel ‚Nike‘) erkennen.

Literacy-Entwicklung findet durch direkte Erfahrungen statt, die den Kindern zeigen, dass Lesen und Schreiben einen kommunikativen Zweck haben (zum Beispiel ein Rezept oder eine Gebrauchsanleitung lesen, Verkehrszeichen beachten oder Einladungskarten für die Geburtstagsparty schreiben). Von den frühen Erfahrungen mit Sprache und Schrift, vor allem von Erfahrungen im Umgang mit Büchern und Geschichten, gewinnen Kinder nicht nur Interesse an Büchern, sondern auch das Vermögen, Geschichten zu verstehen und selbst welche zu erzählen oder über Geschichten zu sprechen und die Informationen in der Geschichte mit eigenen Erfahrungen und Erlebnissen zu verbinden.

Dekontextualisierte Sprache

Wenn Kinder sich mit anderen Kindern oder Erwachsenen über Schrift unterhalten oder wenn sie Gespräche über etwas führen, das nicht im Hier und Jetzt stattfindet, das sie vielleicht gar nicht erlebt haben, dann verwenden sie sogenannte ‚dekontextualisierte Sprache‘. Diese spielt eine Schlüsselrolle in der kindlichen Literacy-Entwicklung, weil sie ein hohes Maß an Abstraktionsfähigkeit verlangt. Sie wird in vielen sprachlichen Aktivitäten verwendet, zum Beispiel bei der dialogorientierten Bilderbuchbetrachtung.

Es gibt unterschiedliche Typen von Sprache. Sie kann formlos sein, wie zum Beispiel bei einem Gespräch zwischen Freunden, oder sie kann formal sein, wie es zum Beispiel im Klassenzimmer der Fall ist. Formlose Sprache ist für kleine Kinder in der Regel stark kontextabhängig. Die Unterhaltung konzentriert sich meist auf Informationen, die sehr konkret im Hier und Jetzt sind. Diese Sprache erleichtert das Verständnis und den Aufbau von Bedeutungen durch Merkmale wie geteiltes Wissen, Gesten, Tonfall und Gesichtsausdruck und vor allem durch Hinweise, die sich aus der jeweiligen Situation ergeben. Formale Sprache dagegen ist häufig kontextfrei und abstrakt (beispielsweise wenn ein Kind eine Geschichte nacherzählen oder über eine Person in einer Geschichte nachdenken soll).

Kleine Kinder sprechen oft ‚geschriebene‘ Sprache, zum Beispiel wenn sie ihrer Puppe ein Märchen erzählen, und andererseits kann man beobachten, dass Schreibanfänger häufig so schreiben, wie sie sprechen. Auch das Mädchen in der zu Beginn des Beitrags beschriebenen Situation erzählt in einer ‚Erzählsprache‘, die gekennzeichnet ist durch einen neutralen Tonfall und eine formale Struktur, die einem gegliederten Text ähnelt. Dies zeigt, dass Kinder frühe Literacy-Fertigkeiten durch den kombinierten Einfluss von gesprochener und Schriftsprache erwerben.

Kinder brauchen Gelegenheiten, um die vielen Verwendungen und Funktionen von Schrift zu entdecken. Sie brauchen für eine gelingende Literacy-Entwicklung Menschen, die ihnen regelmäßig vorlesen, sich zusammen mit ihnen Gedanken über die Welt machen, damit sie die Welt um sich herum kennenlernen, sie brauchen eigene Bücher und freien Zugang zu Büchern und Schreibmaterialien zu Hause, im Kindergarten und in der Grundschule.

Die kindlichen Auslegungen von Bedeutungen sind ein Ergebnis ihrer sozialen Interaktion mit Erwachsenen, Gleichaltrigen und der Welt im Allgemeinen. Kleine Kinder erwerben Wissen über Mathematik und Naturwissenschaften auf nahezu dieselbe Art und Weise – durch Entdecken und Ausprobieren, durch Unterhaltungen mit Erwachsenen und indem ihnen aus Büchern, die viele Informationen enthalten, vorgelesen wird. Mit anderen Worten: Reichhaltige verbale Interaktionen sind eine Schlüsselquelle all dieser Formen des Lernens.

Quelle: Kieferele, Christa: Was heißt Literacy in der frühen Kindheit?, in: Welt des Kindes, Nr. 3/2009, S. 8-11

TIPPS zum Weiterlesen

- Niesel, Renate/Griebel, Wilfried: Nach der Kita kommt die Schule: Mit Kindern den Übergang schaffen, Freiburg im Breisgau: Herder Verlag, 2008.

- Jungbauer, Johannes: Familienpsychologie, Weinheim/Basel: Beltz Verlag, 2009.

7 Lernsituation Simon

Arbeitsfeld Hort – Themen: Legasthenie/Zusammenarbeit mit anderen Institutionen

Simon wird in wenigen Wochen neun Jahre alt. Er besucht die dritte Klasse der Grundschule und im Anschluss an den Unterricht geht er in den nahegelegenen Hort. Simon ist ein beliebter Spielpartner. Sein besonderes Interesse gilt dem Fußballspiel, er ist Mitglied des Fußballvereins.

Simon hatte von Anfang an Probleme im Bereich Schreiben und Lesen. Da die Schwierigkeiten trotz zusätzlicher Übung nicht abnahmen, entschlossen sich die Eltern, auf Anraten der Lehrkraft, Simon testen zu lassen. Ende der zweiten Klasse wurde eine Legasthenie diagnostiziert. Daraufhin beantragten die Eltern den Nachteilsausgleich für Simon. Seither werden Lese- und Rechschreibleistungen nicht mehr bewertet. Weil Simon unter der Situation leidet, wollten die Eltern ihrem Sohn eine Therapie ermöglichen. Sie stellten beim Jugendamt einen Antrag auf Kostenübernahme für eine Legasthenie-Therapie, die jedoch abschlägig beschieden wurde. In der Begründung hieß es, Simon sei nicht in seiner seelischen Entwicklung beeinträchtigt oder von Behinderung bedroht, deshalb müssten die Eltern die Kosten selbst tragen. Da sie das finanziell nicht können, bekommt Simon keine weitere therapeutische Hilfe. Als „Ersatz" wurde vereinbart, dass die Erzieherin Melanie bzw. die Kinderpflegerin Franziska zusätzliche Leseübungen mit ihm durchführen, orientiert an einem Programm, das sie von der Grundschullehrkraft zur Verfügung gestellt bekommen haben.

Hausaufgaben im Bereich Mathematik erledigt Simon rasch und gerne. Hier hat er Erfolgserlebnisse. Im Fach Deutsch gestaltet sich die Hausaufgabensituation schwierig. Oft hat er die Hausaufgaben nicht notiert, weil er noch mit dem Abschreiben der Tafelanschrift beschäftigt war. Heute soll er als Deutschhausaufgabe ein Erlebnis vom Wochenende aufschreiben. Er schlägt sein Deutschheft auf und nimmt den Füller in die Hand. Langsam beginnt er zu schreiben:

> Ich vaar fusbalspilen
> un wiar abn kegn krün
> wais Heinhofn gewonn
> dan sint wia bei der
> hüte gewesn.

Immer wieder unterbricht er seine Arbeit, schaut zum Fenster raus und kaut am Füller. Nach 20 Minuten klappt er das Heft zusammen und packt es schnell in seine Schultasche. Franziska fordert ihn auf, die Hausaufgabe zu zeigen. Widerwillig holt er das Heft hervor. Sie ermuntert ihn, vorzulesen, was er geschrieben hat. Stockend liest er den Satz vor. Obwohl die Kinderpflegerin weiß, dass mehr Text erwartet wird, lobt sie ihn, denn ihr ist bewusst, wie viel Anstrengung ihn der eine Satz gekostet hat. Sie fragt nach, wie hoch sein Fußballteam gegen Heinhofen gewonnen hat. Auf Simons Gesicht zeigt sich ein kurzes Lächeln und er verkündet nicht ohne Stolz, dass sie 4:0 gewonnen haben und auch er ein Tor geschossen habe. Nun geht Franziska Wort für Wort mit ihm durch, schreibt den Text korrekt vor und fordert Simon auf, den Satz in seinem Heft zu verbessern.

Simon folgt der Aufforderung, allerdings zeigen seine Körperhaltung und sein Gesichtsausdruck, dass er tief frustriert ist. Er wird zunehmend unruhig, denn er braucht sehr lange zum Abschreiben. Seine Motivation sackt noch weiter ab.

Nach Erledigung der Arbeit kann Simon eine Pause machen und im Hof Fußball spielen. Er erhält jedoch die Aufforderung, nach 20 Minuten wieder zum „Extra-Lesen" zu kommen. Nach 25 Minuten spielt er immer noch Fußball, sodass Franziska ihn rufen muss. Sehr langsam kehrt er zurück ins Hausaufgabenzimmer. Franziska sagt: „Ich weiß, du würdest gerne weiter Fußball spielen, aber wir müssen doch üben, das ist auch wichtig." Simon entgegnet: „Heute will ich aber nicht". Er verschränkt seine Arme auf dem Tisch und legt den Kopf darauf.

Franziska meint, sie könne das schon verstehen. Sie selbst mag auch nicht das machen, was sie nicht so gut kann. Das interessiert Simon, er hebt den Kopf und fragt: „Kannst du auch was nicht gut?" Die Kinderpflegerin überlegt und sagt: „Ich kann nicht so schnell im Kopf rechnen, deswegen mag ich das nicht." Simon: „Das ist doch einfach, aber lesen ist doof." Daraufhin erklärt Franziska ihm, dass man das, was man nicht so gut kann, halt einfach mehr üben müsse, Schritt für Schritt. Er wolle doch einmal einen Beruf erlernen und dazu müsse er lesen können. Simon erwidert, dass er es vermutlich gar nicht schaffen wird, einen Beruf zu erlernen, denn das sei für ihn zu schwierig. Die Kinderpflegerin ist über die Resignation erschrocken, sie versucht Simon aufzumuntern, indem sie sagt: „Simon, du kannst gut rechnen und bist ein guter Fußballspieler. Vom Fußball weißt du doch, wie wichtig das Training ist. Wir beide machen jetzt unser tägliches „Lese-Training" und dazu habe ich einen Text aus der Zeitung über deinen Verein mitgebracht." Franziska legt den Artikel auf den Tisch und Simon beginnt stockend zu lesen.

7.1 Aufgaben und Fragen

Einstiegsübung

Notieren Sie Ihre Erfahrungen während des Lesens der beiden Texte.

Selbsterfahrungstest 1

med hcan dnu essalk netiewz red relühcs redeiw eiS dnis lamnie fua
nebatshcub negithciw ella nun eis nennek negnubüesel red ssulhcsba
nebah hcon reba nendrouz etual negithcir eid nehciez ned nennök dnu
netnnakebnu hcon neuen uz nehcieztual eid emelborp iginie eis
neztesuznemmasuz netrow

Selbsterfahrungstest 2

Erfahrene erwachsene Leser sind in der Lage über 600 Worte pro Minute zu lesen. Bei solchen Lesegeschwindigkeiten werden nicht mehr die einzelnen Worte im Fließtext identifiziert, sondern Buchstaben, Worte und Wortgruppen aus dem Zusammenhang erschlossen und eingesetzt. Dem Leser wird so ermöglicht, das was er sieht, durch Informationen aus seiner Lernerfahrung zu ergänzen.

Vergleichen Sie jetzt Ihre Erfahrung beim Lesen mit dem folgenden Kommentar.

Hat Sie das Lesen des Textes sehr irritiert? War es für Sie schwierig und hat es Sie vor eine besondere Herausforderung gestellt? In der Regel konnten Sie vermutlich Buchstaben aber keine zusammenhängenden Worte erkennen. Das Lesen geschah also stockend und es entstand kein normaler Lesefluss, so wie Sie es kennen. Je länger Sie sich mit dem Text beschäftigt haben, desto mehr haben Sie sich an das ungewohnte Schriftbild gewöhnt. Einzelne Silben wurden sichtbar, manche Wörter ergaben sich vielleicht auch aus dem Zusammenhang und konnten erraten werden. Einige Worte haben Sie aber vielleicht falsch erraten, manchmal haben Sie auch Buchstaben verdreht oder falsche Buchstaben gelesen.

Das, was für Sie eine Art Spiel oder eine Übung war, zeigt, vor welchen Herausforderungen Kinder mit Leseschwierigkeiten stehen. Stellen Sie sich für einen Augenblick vor, Ihnen würde es immer so gehen, wie beim Lesen der oben stehenden Texte und Sie könnten nicht einfach aus dieser Übung „aussteigen". Können Sie ahnen, vor welchen Problemen diese Kinder stehen und wie Sie sich fühlen?

Wie oft kommt ein Schulkind in die Situation etwas vorlesen zu müssen? Es wird ja nicht nur in der Schule gelesen, sondern auch zu Hause oder bei anderen Gelegenheiten in der Öffentlichkeit. Bei all diesen Situation geht es dem Kind genauso wie ihnen in der Übung - jedes Wort, jeder Satz wird zu einer neuen Herausforderung. Jeder einzelne Buchstabe muss erfasst werden, erst dann kann das einzelne Wort entstehen.

Flüssiges und ökonomisches Lesen zeichnet im Gegensatz dazu einen guten Leser aus. Buchstabengruppen werden schnell erfasst und zusammen erkannt. Diesen Buchstabengruppen können sofort Laute zugeordnet werden.

Kontextbezogene Reproduktion

1.1 Bei Simon wurde eine Legasthenie diagnostiziert, diese Problematik wird auch als „Teilleistungsstörung" bezeichnet. Grenzen Sie die Begriffe „Auffälligkeit" und „Störung" am Beispiel der Legasthenie gegeneinander ab.

▸ **Kapitel 13.1**
▸ **Materialien 1**

1.2 Die Lese-Rechtschreibstörung (= Legasthenie) gehört zu den häufigsten Lernstörungen im Grundschulalter. Erläutern Sie, was man unter einer „Legasthenie" versteht und beschreiben Sie das Störungsbild genauer.

▸ **Kapitel 13.1.1**
▸ **Materialien 2**

1.3 „Da die Symptomatik der Lese- und Rechtschreibstörung unterschiedlich ist, kann man erwarten, dass die Ursachen nicht bei allen Kindern die gleichen sind." (Amorosa, H. in: Lesen und Schreiben – Bausteine des Lebens, 200, Seite 13). Erläutern Sie mögliche Ursachen.

▸ **Materialien 3**

2. Im Fall von Simon ist die Zusammenarbeit mit der Schule und gegebenenfalls anderen Institutionen besonders wichtig. Stellen Sie die Bedeutung der Zusammenarbeit dar.

Analyse

1. Bei Lese- und Rechtschreibstörungen kommt es häufig zu Folgeproblemen. Beschreiben Sie solche möglichen Folgeprobleme und finden Sie heraus, ob auch bei Simon derartige Probleme bereits erkennbar sind.

▸ **Materialien 4**

2. Zeigen Sie auf, welche Ressourcen im Fall Simon gegeben sind. Berücksichtigen Sie dabei die Ebenen Simon, Bezugspersonen und pädagogisches Fachpersonal.

Handlungskonzept

1.1 Entwickeln und begründen Sie Ziele für Simon, die sich aus Ihrer Analyse ergeben. Berücksichtigen Sie dabei die Ressourcen von Simon.

1.2 Wählen Sie ein Ziel aus und erläutern Sie, welche Möglichkeiten es gibt, dieses Ziel in der Praxis zu realisieren.

2.1 In diesem Fall sind nicht nur Ziele für Simon wichtig. Das Fachpersonal sollte auch die Zusammenarbeit u. a. mit der Schule im Blick haben und intensivieren. Die Bedeutung der Zusammenarbeit wurde bereits bei der kontextbezogenen Reproduktion dargestellt. Formulieren Sie zwei Ziele für die Zusammenarbeit mit der Grundschule. Beachten Sie dabei, dass die Ziele keine Erziehungsziele im eigentlichen Sinne sind, sondern dass es hier um Ziele geht, die sich das Fachpersonal im Hinblick auf die Kooperation mit einer anderen Einrichtung setzt.

2.2 Zeigen Sie auf, wie Sie die oben formulierten Ziele im Hortalltag umsetzen können und erläutern Sie mögliche Grenzen der Zusammenarbeit.

Meinungsbildung/Stellungnahme

Das Konzept individueller Unterschiede

„Es gab einmal eine Zeit, da hatten die Tiere eine Schule. Das Curriculum bestand aus Rennen, Klettern, Fliegen und Schwimmen, und alle Tiere wurden in allen Fächern unterrichtet.

Die Ente war gut im Schwimmen; besser sogar als der Lehrer. Im Fliegen war sie durchschnittlich, aber im Rennen war sie ein besonders hoffnungsloser Fall. Da sie in diesem Fach so schlechte Noten hatte, musste sie nachsitzen und den Schwimmunterricht ausfallen lassen, um das Rennen zu üben. Das tat sie so lange, bis sie auch im Schwimmen nur noch durchschnittlich war. Durchschnittliche Noten waren aber akzeptabel, darum machte sich niemand Gedanken darum, außer die Ente.

Der Adler wurde als Problemschüler angesehen und unnachsichtig und streng gemaßregelt, da er, obwohl er in der Kletterklasse alle anderen darin schlug, darauf bestand, seine eigene Methode anzuwenden.

Das Kaninchen war anfänglich im Laufen an der Spitze der Klasse, aber es bekam einen Nervenzusammenbruch und musste von der Schule abgehen, wegen des vielen Nachhilfeunterrichts im Schwimmen.

Das Eichhörnchen war Klassenbester im Klettern, aber sein Fluglehrer ließ ihn seine Flugstunden am Boden beginnen, anstatt vom Baumwipfel herunter. Es bekam Muskelkater durch Überanstrengung bei den Startübungen und immer mehr ‚Dreien' im Klettern und ‚Fünfen' im Rennen.

Die mit Sinn fürs Praktische begabten Präriehunde gaben ihre Jungen zum Dachs in die Lehre, als die Schulbehörde es ablehnte, Buddeln in das Curriculum aufzunehmen

Am Ende des Jahres hielt ein anormaler Aal, der gut schwimmen und etwas rennen, klettern und fliegen konnte, als Schulbester die Schlussansprache."

Quelle: Bönsch, Manfred: Differenzierung in Schule und Unterricht, München: Ehrenwirth Verlag, 1995

Abschluss

Reflektieren Sie Ihren persönlichen Arbeitsprozess (oder den der Kleingruppe) mithilfe einer „Lernleine". Zu diesem Zweck spannen Sie eine Wäscheleine quer durch den Raum. Sie symbolisiert den Lernprozess, beginnend mit dem ersten Lesen der Lernsituation bis hin zur Meinungsbildung/Stellungnahme. Einzelne Schritte des Lernprozesses werden auf Kärtchen geschrieben und an die Leine geklammert. Dabei werden Probleme, Teilergebnisse, Irrwege, Streitpunkte oder Lerntipps zugeordnet. Die Lernleine kann übrigens auch für die Planung einer Arbeit herangezogen werden. Hier könnten Aspekte wie Vorwissen, neue Informationen beschaffen, Struktur herstellen usw. eine Rolle spielen.

7.2 Materialien

Materialien 1

Lese-Rechtschreibstörung

„Definition und Klassifikation
In der ‚Internationalen Klassifikation psychischer Störungen' (ICD-10) wird die Lese-Rechtschreibstörung im Kapitel F 8 „Entwicklungsstörungen" verschlüsselt. Die in diesem Kapitel zusammengefassten Störungen sind charakterisiert durch einen frühen Beginn und einen stetigen, chronischen Verlauf.

Bei der Lese-Rechtschreibstörung handelt es sich um eine Störung, bei der der normale Erwerb des Lesens und Schreibens von Anfang an beeinträchtigt ist. Die Lese- und Rechtschreibleistung liegt unter dem Niveau, das aufgrund des Alters, der allgemeinen Intelligenz und der Beschulung zu erwarten ist. Sie ist nicht verursacht durch eine mangelnde Förderung, eine erworbene Hirnschädigung, eine neurologische Erkrankung oder eine Seh- bzw. Hörstörung. Die Störung muss von normalen Variationen im Erwerb schulischer Fertigkeiten (WHO 1991) abgegrenzt werden."

Quelle: Noterdaeme, Michelle, in: Noterdaeme, Michelle/Breuer-Schaumann, Angela E.: Lesen und Schreiben – Bausteine des Lebens, Dortmund: Verlag Modernes Lernen, 2003, S. 9

Materialien 2

„Symptomatik der Lesestörung

Bei einer umschriebenen Lesestörung ist das Hauptmerkmal eine isolierte und bedeutsame Beeinträchtigung der Lesefähigkeit, die nicht durch eine herabgesetzte intellektuelle Leistungsfähigkeit, durch Probleme der Sehschärfe oder durch unangemessene Beschulung zu erklären ist. Dieser Störung geht häufig eine Entwicklungsstörung im Bereich des Sprechens oder der Sprache voraus.

Bei einigen Kindern ist die Sprachentwicklung altersentsprechend, es bestehen jedoch Defizite im Bereich der phonologischen Bewusstheit. Diese zeigen sich durch Schwierigkeiten beim Erkennen der Lautstruktur eines Wortes, wie z. B. bei der Lautkategorisierung und Lautunterscheidung, beim Reime bilden und erkennen, beim Behalten auditiver Sequenzen und bei der auditiven Assoziation. In einigen Fällen können neben Schwierigkeiten in der auditiven auch Defizite in der visuellen Informationsverarbeitung vorliegen.

Auslassen, Ersetzen, Verdrehen oder Hinzufügen von Buchstaben, Worten oder Wortteilen
Verlangsamte Lesegeschwindigkeit
Startschwierigkeiten beim Vorlesen, langes Zögern oder Verlieren der Zeile im Text, stockendes Lesen von Wort zu Wort, aber auch von Buchstabe zu Buchstabe; ungenaues, nicht sinnhaftes Betonen beim Lesen
Vertauschen von Wörtern im Satz oder von Buchstaben in den Wörtern
Unfähigkeit, Gelesenes wiederzugeben, aus Gelesenem Schlüsse zu ziehen oder Zusammenhänge zu erkennen

Tabelle 1: Anzeichen einer Lesestörung (nach ICD-10)

Unauffällig entwickelte Kinder lernen Lesen mit dem Leseunterricht bei Schuleintritt. Innerhalb von einigen Monaten sind die ersten zehn bis 15 Buchstaben und etwa 30 bis 40 Wörter gelernt. Schon in den ersten Schulwochen zeigen sich die Schwierigkeiten bei Kindern mit einer Lesestörung. Diese Kinder haben Schwierigkeiten, die Buchstaben korrekt zu benennen, die gelernten Buchstaben zu beherrschen und sie beim Erlesen von neuen Wörtern zu nutzen. Sie haben Probleme, Laute auditiv zu diskriminieren [voneinander zu unterscheiden] und Silben und Worte zusammenzulesen. Die wichtigsten Symptome der Lesestörung sind in Tabelle 1 zusammengefasst.

Symptomatik der Rechtschreibstörung

Bei der umschriebenen Rechtschreibstörung ist das Hauptmerkmal eine isolierte und bedeutsame Beeinträchtigung der Entwicklung der Rechtschreibfertigkeiten, die nicht durch eine herabgesetzte intellektuelle Leistungsfähigkeit, durch Sehstörungen oder durch eine unangemessene Beschulung erklärbar ist. Es ist sowohl die Fähigkeit zu buchstabieren wie auch Wörter richtig aufzuschreiben, betroffen. Rechtschreibstörungen sind häufig mit Lesestörungen verbunden und persistieren oft bis in das Erwachsenenalter, auch wenn Fortschritte beim Lesen gemacht werden.

Verdrehungen von Buchstaben im Wort
Umstellungen von Buchstaben im Wort
Auslassungen von Buchstaben
Einfügungen falscher Buchstaben
Dehnungsfehler
Fehler in der Groß- und Kleinschreibung (Regelfehler)
Verwechslung von d/t, g/k, v/f (Wahrnehmungsfehler)
Fehleränderung: das gleiche Wort wird immer wieder unterschiedlich fehlerhaft und zwischendurch auch richtig geschrieben

Tabelle 2: Anzeichen einer Rechtschreibstörung (nach ICD-10)

Die Rechtschreibstörung macht sich von Anfang an bemerkbar: Die Kinder sind nicht in der Lage, einfache, lautgetreue Wörter auswendig niederzuschreiben. In der Regel haben sie keine Probleme beim Abschreiben der Wörter: Das Schriftbild kann beim Abschreiben ausgewogen sein, denn nicht die graphomotorischen Fertigkeiten sind gestört, sondern die Rechtschreibung. Die wichtigsten Symptome einer Rechtschreibstörung sind in Tabelle 2 wiedergegeben.

Quelle: Noterdaeme, Michelle, in: Noterdaeme, Michelle/Breuer-Schaumann, Angela E.: Lesen und Schreiben – Bausteine des Lebens, Dortmund: Verlag Modernes Lernen, 2003, S. 9 ff.

Materialien 3

Bedingungsmodell: Entstehung und Aufrechterhaltung der Störung

„Eine Lese-Rechtschreib-Schwäche entsteht durch charakteristische Fertigkeitsmängel, die zum Teil genetisch bedingt sind (...):

- Phonologische Bewusstheit (d. h. die ‚Einsicht' in die Lautstruktur der Sprache) spielt beim Erstleseunterricht eine wichtige Rolle, denn beim Lesen müssen Wörter in Laute (Phoneme) zergliedert und Laute wiederum zu Wörtern zusammengesetzt werden. Bei Vorschulkindern lässt sich diese (Vorläufer-)Fertigkeit des Lesens an der Bildung von Reimen und Alliterationen (d. h. von Wörtern mit gleichem Anlaut, wie z. B. Wind und Wetter) erkennen. Kinder, die Schwierigkeiten im Erstleseunterricht aufweisen, zeigen häufig Defizite in der phonologischen Bewusstheit. Allerdings wird diese Fähigkeit im Erstleseunterricht intensiv eingeübt.
- Phonologische Defizite: Das Erlernen des Lesens und Schreibens setzt phonologisches Rekodieren (d. h. die Fähigkeit, Buchstaben- in Lautfolgen zu übersetzen und umgekehrt) und die innere Repräsentation der Buchstabenfolgen im Gedächtnis (d. h. die Zuordnung von Buchstaben zu Lauten) voraus. Defizite in diesen Bereichen beeinträchtigen das Lesen- und Schreibenlernen

erheblich: Dauert beispielsweise die lautsprachliche Rekodierung schriftlicher Symbole zu lange, haben die Kinder am Ende des Erlesens eines Wortes die Anfangslaute bereits wieder vergessen und das Zusammenziehen von Lauten zu gesprochenen Wörtern (Lautsynthese) misslingt. Bei ineffektivem Rekodieren ist zudem der Zugriff auf das semantische Lexikon beeinträchtigt. Dementsprechend fällt es leseschwachen Kindern schwer, bedeutungshaltige Wörter von Pseudowörtern zu unterscheiden. Eine Speicherschwäche für Schriftwörter bewirkt, dass Kinder sehr viel mehr Lerndurchgänge benötigen, bis sie sich ein Wort exakt (d. h. in seiner genauen Schreibweise) merken können.

- Auch Defizite in der seriellen Benennungsgeschwindigkeit (d. h. der Fähigkeit, Zahlen und Gegenstandsbilder zu benennen und beim Lesen von einem Wort auf das nächste umzuschalten) werden für Lese-Rechtschreib-Schwächen verantwortlich gemacht. Dabei kommt es nicht so sehr auf die Geschwindigkeit an, mit der gelesene Wörter artikuliert werden. Entscheidend ist vielmehr, dass durch die Buchstabenfolge Wörter, die im ‚orthografischen Lexikon' gespeichert sind, automatisch aktiviert werden, sodass die zu lesenden Wörter entsprechend rasch ‚erkannt' werden. Umgekehrt werden beim Schreiben (z. B. beim Diktat) durch die phonologische Wortform gespeicherte Worteinträge abgerufen, an denen sich das Kind bei der Niederschrift orientiert. Leseschwache Kinder zeigen häufig Defizite bei der Speicherung von Schriftwörtern, was zu einem fehlerhaften und verlangsamten Lesen sowie zahlreichen Rechtschreibfehlern führt.

- Defizite im Lernverhalten sowie in der familiären und schulischen Förderung: Da Kinder mit Lese-Rechtschreibschwierigkeiten häufig auch Aufmerksamkeitsstörungen zeigen, ist davon auszugehen, dass mangelndes Durchhaltevermögen und Konzentrationsschwächen im Unterricht sowie bei den Hausaufgaben zu Schwierigkeiten bei der Aneignung der Schriftsprache beitragen. Fehlende Förderung in der Familie (z. B. Vorlesen, gemeinsames Lesen, Reimspiele) erhöht das Risiko, dass die Kinder beim Lesen- und Schreibenlernen zurückbleiben. Die Bedeutung des Unterrichts ist daran erkennbar, dass selbst in Parallelklassen oft beträchtliche Unterschiede im Leistungsstand der Schüler bestehen. Dafür sind sowohl Unterschiede in der Klassenführung (z. B. im Disziplinierungsverhalten und in der Ermöglichung eines störungsfreien Unterrichts) als auch im didaktischen Vorgehen (z. B. in der Systematik, mit der Graphem-Phonem-Korrespondenzen eingeführt werden, oder im Angebot an zusätzlichen Hilfen, wie etwa Übungen zur Förderung der phonematischen Bewusstheit oder zum Behalten der Graphem-Phonem-Korrespondenzen durch Handzeichen) verantwortlich (...).

- Lese- und Rechtschreib-Schwierigkeiten sind über die Schulzeit sehr stabil. Kaum ein Schüler, der am Ende der ersten Klasse größere Schwierigkeiten beim Lesen und Rechtschreiben hat, schafft es – ohne intensive Intervention – diese Schwierigkeiten bis zum Ende der Pflichtschulzeit zu überwinden.

Schüler, denen das Lesen von Beginn an große Mühe bereitet, lesen außerhalb der Schule nur sehr wenig, meist gar nicht, und können dadurch die Freude am Lesen nicht entdecken. Dadurch verfestigen sich ihre Lesedefizite. Aber auch innerhalb der Schule können sie von den Lernangeboten nicht ausreichend profitieren. Da ihre Geschwindigkeit beim Lesen gering ist, werden sie bei gleicher Übungszeit mit weniger schriftlichem Material konfrontiert als normal lesende Schüler. Dies führt zu einer weiteren Vertiefung ihrer Rückstände. Aufgrund der mangelnden Übung besteht die Gefahr, dass Gelerntes wieder vergessen wird. Zudem ist die Bedeutung des Lesens für andere schulische Fertigkeiten zu bedenken (z. B. beim Lesen von Textaufgaben im Rechenunterricht). Geringe Leseaktivität führt nicht nur zu Defiziten in der Erweiterung des Wortschatzes, sondern auch im Erwerb des Weltwissens während der Schulzeit."

Quelle: Gasteiger-Klicpera, Barabra/Klicpera, Christian, in: Interventionen bei Lernstörungen, hrsg. v. Gerhard Lauth, Matthias Grünke und Joachim Brunstein, Göttingen: Hogrefe, 2004, S. 48 f.

Materialien 4

Verbreitung und Folgeprobleme

„Am häufigsten wird eine Lese-Rechtschreib-Störung bei Schulkindern diagnostiziert. Nach internationalen Schätzungen sind in den industrialisierten Ländern 2 bis 4 % der Schüler lese-rechtschreibschwach und 5 bis 10 % der Jugendlichen und Erwachsenen beherrschen das Schreiben und Lesen nicht ausreichend, um ihren Alltag zu meistern. Sie sind nicht in der Lage, einfache Anweisungen zu lesen oder Formulare auszufüllen. Annähernd ein Zehntel der Schüler verlässt die Schule ohne ausreichende Kenntnisse des Lesens und Schreibens. Jungen sind von Leseschwierigkeiten häufiger betroffen als Mädchen (im Verhältnis 3:2). Beim Rechtschreiben ist dieser Unterschied noch deutlicher zu Ungunsten der Jungen ausgeprägt. Zudem werden weit mehr Jungen als Mädchen wegen einer Lese-Rechtschreib-Schwäche zur Förderung überwiesen. Bezüglich komorbider Störungen ist Folgendes bekannt:

- Lese-Rechtschreib-Störungen sind häufig mit Rechenschwierigkeiten verknüpft (...). Etwa drei Viertel der Schüler mit umschriebenen Rechenstörungen haben auch eine Lese-Rechtschreib-Störung. Häufig werden auch Schwierigkeiten der motorischen Koordination oder Sprachschwierigkeiten (ICD-10: F.80) festgestellt.
- Schwächen im Lesen und Rechtschreiben werden häufig von emotionalen Problemen und Verhaltensschwierigkeiten begleitet. Kinder mit Lese-Rechtschreib-Störungen besitzen im Vergleich zu unauffälligen Kindern zumeist ein niedrigeres Selbstwertgefühl und ein geringeres Selbstkonzept schulischer Fähigkeiten.
- Aufmerksamkeitsschwierigkeiten und Hyperaktivität gehen oft mit Lese-Rechtschreib-Schwierigkeiten einher. Ein Drittel bis zur Hälfte der in klinischen Einrichtungen vorgestellten hyperaktiven Kinder sind von einer umschriebenen Lese-Rechtschreib-Störung betroffen."

Quelle: Gasteiger-Klicpera, Barabra/Klicpera, Christian, in: Interventionen bei Lernstörungen, hrsg. v. Gerhard Lauth, Matthias Grünke und Joachim Brunstein, Göttingen: Hogrefe, 2004, S. 47 f.

TIPPS zum Weiterlesen

- Schulte-Körne, Gerd: Ratgeber Legasthenie. Frühzeitig erkennen. Richtig reagieren. Gezielt behandeln, München: Knaur Verlag, 2009.
- Warnke, Andreas/Heruminger, Uwe/Roth, Elke: Ratgeber Lese-Rechtschreibstörung: Informationen für Betroffene, Eltern und Erzieher, Göttingen: Hogrefe, 2003.

8 Lernsituation Teamkonflikte

Arbeitsfeld Kindergarten – Themen: Unterschiedliche Vorstellungen von Erziehung/ Teamkonflikte

Marion Klein, 42 Jahre, arbeitet seit vielen Jahren als Erzieherin. Vor etwa zehn Jahren hat sie die Leitung des Kindergartens St. Michael in einer oberbayerischen Kleinstadt übernommen. Zudem ist sie dort als Gruppenleitung der Tigergruppe eingesetzt. Für die Leitungsaufgaben ist sie teilweise freigestellt und daher oft nicht in der Gruppe. Deshalb ist als zweite Kraft in der Tigergruppe eine Erzieherin, Susanne Mitterer, tätig, die von der Kinderpflegerin, Yvonne Sander, unterstützt wird. Die beiden Fachkräfte sind 23 bzw. 21 Jahre alt und haben erst einige Jahre Berufserfahrung. Yvonne Sander übernimmt zudem die Funktion der „Springerin", d. h. sie hilft in anderen Gruppen aus, wenn jemand erkrankt ist oder eine Fortbildung belegt hat. Die Gruppe von Frau Klein ist eine Ganztagsgruppe. Die Kinder können die Institution von 07:30 bis 16:30 Uhr, je nach Buchungszeit, besuchen. Am Freitag schließt die Einrichtung um 15:00 Uhr.

Die Situation im Team ist schon seit geraumer Zeit etwas angespannt, weil die pädagogischen Fachkräfte unterschiedliche Erziehungsvorstellungen haben. Marion ist streng und sehr konsequent, weil sie der Meinung ist, dass klare Strukturen und Regeln den Kindern Orientierung geben. Sie besteht darauf, dass Kinder sich abmelden, wenn sie den Raum verlassen oder ein Spiel zu Ende bringen und aufräumen, bevor sie etwas Neues beginnen. Die beiden jüngeren Kolleginnen sind eher nachsichtig und verständnisvoll. Sie geben Argumenten der Kinder schnell nach und achten nicht immer auf die Einhaltung der Gruppenregeln. Wenn Susanne und Yvonne das Mittagessen betreuen, dürfen sich die Kinder das Essen selbst nehmen, denn beide meinen, dass die Kinder die Menge selbst bestimmen können. Wenn ein Kind sich dennoch zu viel auf den Teller geladen hat, darf es auch einmal etwas übrig lassen. Mag ein Kind eine bestimmte Speise nicht, ist das in Ordnung. Bei Marion dagegen dürfen die Kinder nur kleinere Mengen auf den Teller laden, können aber jederzeit einen Nachschlag holen. Auch werden sie aufgefordert, alles wenigstens zu probieren. Es gilt ferner die Regel: „Der Teller wird leer gegessen."

Gestern kam es während des Mittagessens zu folgender Situation:
Marie, eine „schlechte Esserin", hatte noch einen Rest Erbsen und Kartoffeln auf ihrem Teller und behauptete, die wenigen Bissen nicht mehr zu schaffen. Susanne wollte ihr gerade erlauben, den Rest stehen zu lassen und aufzustehen, als Marion in den Raum kam, um Susanne etwas zu fragen. Marion erkannte sofort die Situation und ermunterte Marie freundlich aber bestimmt, die paar Bissen noch zu essen. Marie schüttelte den Kopf und blickte hilfesuchend zu Susanne. Susanne und Yvonne schauten sich an, wagten jedoch nicht, ihrer Chefin zu widersprechen. Marion

verließ den Raum, nicht ohne die beiden darauf hinzuweisen, dass sie ein Auge auf Marie haben sollten, und beauftragte sie, darauf zu achten, dass sie aufäße. Yvonne setzte sich zu Marie und versuchte sie zu überreden, weiterzuessen. Marie nahm noch einen Bissen zu sich. Damit war für Yvonne und Susanne der Auftrag erfüllt und sie schickten Marie zum Hände waschen.

Vor allem Susanne belastet die Situation sehr, sie spricht das Problem in der nächsten Teamsitzung an. Als der Punkt „Sonstiges" an der Reihe ist, meldet sie sich zu Wort und sagt: „Ich habe noch ein Anliegen. Es belastet mich ziemlich, dass in unserer Gruppe so unterschiedliche Erziehungsvorstellungen herrschen und verschiedene Erziehungsstile praktiziert werden." Zu Marion gewandt fährt sie fort: „Letzten Donnerstag hast du dich z. B. in die Essensituation eingemischt, obwohl das der Dienst von Yvonne und mir war. Marie musste aufessen, obwohl sie schon satt war und nicht mehr wollte. Das finde ich nicht in Ordnung. Ich möchte Kinder nicht zum Essen zwingen." Marion Klein ist sehr überrascht. Sie entgegnet: „Kinder brauchen feste Regeln und wir müssen darauf achten, dass Regeln konsequent eingehalten werden.

Mir ist aber auch schon aufgefallen, dass ihr beiden einige Regeln gar nicht umsetzt und sehr nachgiebig seid. Ich denke, das ist nicht gut für die Kinder." Im weiteren Verlauf der Diskussion wurden noch weitere Argumente ausgetauscht, wobei der Tonfall lauter wurde. Der Disput wurde von Marion Klein beendet mit dem Hinweis, dass sie als Leitung und Gruppenleitung die Verantwortung trage. Deshalb erwarte sie von den beiden jüngeren Kolleginnen mehr Kooperationsbereitschaft. Andere Mitarbeiterinnen mischten sich nicht in das Gespräch ein. Yvonne und Susanne waren nach der Teamsitzung sehr unzufrieden. Sie hatten keine Klärung oder Einigung erreicht. Im Gegenteil, die Fronten waren härter geworden und die Beziehung zu Marion war nun wirklich belastet

8.1 Aufgaben und Fragen

Einstiegsübung

Ergänzen Sie folgende Sätze:

- Teamarbeit bedeutet für mich ...
- Meine Erfahrungen mit Teamarbeit sind ...
- Teamarbeit gelingt nur ...
- Teamarbeit gefällt mir, weil ...
- Teamarbeit ist oft schwierig, weil ...

Partnerarbeit: Lesen Sie sich die Sätze gegenseitig vor und erläutern Sie Ihre Aussagen. Vergleichen Sie Ihre Inhalte und versuchen Sie unterschiedliche Standpunkte zu erklären.

Kontextbezogene Reproduktion

1. Im Team bestehen unterschiedliche Auffassungen im Hinblick auf Regeln und Grenzen bzw. deren konsequente Umsetzung.

1.1 Die Forschungen von Diana Baumrind haben ergeben, dass es vier unterschiedliche Erziehungsstile gibt, die sich sehr verschieden auf das Verhalten und die Entwicklung der Kinder auswirken. Beschreiben Sie diese vier Erziehungsstile und die entsprechenden Auswirkungen und wenden Sie das Wissen über die Erziehungsstile auf die Lernsituation an.

▸ **Kapitel 8.4**

1.2 Sigrid Tschöpe-Scheffler stellt fünf Säulen der Erziehung in den Vordergrund, um günstige Bedingungen für die Entwicklung von Kindern zu gestalten. Erläutern Sie den Ansatz von Tschöpe-Scheffler und erörtern Sie Gemeinsamkeiten und Unterschiede mit/zu dem Ansatz von Baumrind.

▸ **Kapitel 8.5**

2. Im Team der Tigergruppe läuft nicht alles glatt, es kommt immer wieder zu Konflikten.

2.1 Konflikte können verschiedene Ursachen haben. Beschreiben Sie mögliche Ursachen und beziehen Sie diese Annahmen auf die Lernsituation.

▸ **Materialien 1**

2.2 Häufig sind Kommunikationsstrukturen die Ursache für Teamkonflikte. Klären Sie den Begriff „Kommunikation" und erläutern Sie das Kommunikationsmodell anhand der Lernsituation.

2.3 Paul Watzlawick stellte fünf Axiome der Kommunikation auf. Erklären Sie mithilfe der Axiome, wie Kommunikation gelingen kann bzw. warum es zu Kommunikationsstörungen kommt.

▸ **Kapitel 15.3.1**

2.4 Aus den theoretischen Grundlagen lassen sich Gesprächsregeln für gelingende Kommunikation ableiten. Erläutern Sie drei Gesprächsregeln, die Ihnen für den vorliegenden Fall besonders bedeutsam erscheinen. Begründen Sie Ihre Wahl.

▸ **Kapitel 15.7**
▸ **Materialien 2**

Analyse

1. Beschreiben Sie mögliche Probleme, die entstehen können, wenn in einer Gruppe unterschiedliche Erziehungsvorstellungen herrschen. Begründen Sie Ihre Auffassung.

2.1 Erläutern Sie die Ursachen für die Störung in der Kommunikation zwischen Marion auf der einen und Susanne bzw. Yvonne auf der anderen Seite.

2.2 Beschreiben Sie mögliche Folgen von Kommunikationsstörungen, wenn diese nicht bereinigt werden.

Handlungskonzept

Zu bedenken ist, dass in dieser Lernsituation nicht erzieherisches Handeln im Vordergrund steht, sondern die Bewältigung von Einstellungs- und Kommunikationsproblemen zwischen Kolleginnen bzw. der Vorgesetzten und weisungsgebundenen Mitarbeiterinnen.

1.1 Entwickeln Sie auf der Grundlage Ihrer Analyse drei Ziele für das Team.

1.2 Setzen Sie einen Schwerpunkt für die nächste Zeit und begründen Sie Ihre Wahl.

2. Entwickeln Sie Möglichkeiten zur Umsetzung des Schwerpunkts.

Stellungnahme/Meinungsbild

In unserer modernen Welt gibt es viele verschiedene Vorstellungen von Erziehung. Das verunsichert Eltern zunehmend. Deshalb suchen Sie Rat in Elternkursen, Vorträgen zu Erziehungsfragen und in zahlreichen Büchern. Es wäre besser, Eltern würden sich auf ihren gesunden Menschenverstand verlassen.

Beziehen Sie Stellung zu dieser Aussage.

Abschluss

Führen Sie ein Rollenspiel durch, indem Sie mithilfe der Gesprächsregeln, die Sie bei 3.3 erarbeitet haben, das Kommunikationsproblem zwischen den Parteien zu klären versuchen. Zu besetzen sind die Rollen von Marion, Susanne und Yvonne. Drei Gruppenmitglieder übernehmen die Beobachterrolle und konzentrieren sich dabei auf eine bestimmte Person.

Das Rollenspiel ist zeitlich auf zehn Minuten begrenzt. Nach der Durchführung machen Sie eine kurze Pause, bevor das Spiel ausgewertet wird. Die Auswertung verläuft wie folgt: Zunächst berichten die Personen, die eine Rolle gespielt haben. Sie berichten, wie es ihnen ergangen ist. Welche Regeln konnten sie gut umsetzen, womit hatten sie Probleme? Anschließend geben die Beobachterinnen eine Rückmeldung. Ziehen Sie zum Abschluss ein Fazit aus den gemachten Erfahrungen. Welche Erkenntnisse haben Sie gewonnen? Woran möchten Sie in der nächsten Zeit weiterarbeiten?

8.2 Materialien

Materialien 1

Kennzeichen eines guten Teams

„Ein gut zusammenarbeitendes Team lässt sich mit einem Orchester vergleichen: Als Einzelne beherrschen die Musiker eines guten Orchesters jeweils ihr Instrument. Aber nur wenn sie fähig sind, sich aufeinander einzustimmen und dabei ein gemeinsames Ziel anstreben, entsteht eine harmonische Melodie (vgl. Pesch/Sommerfeld, 2002, S. 10).

Prozessqualität

Diese bezieht sich auf die Ausgestaltung der Interaktions- und Kommunikationsprozesse innerhalb des Teams: Wie ist die Beziehungsgestaltung? Wie ist der Umgang mit Konflikten? Welches Klima prägt die Zusammenarbeit? Im Einzelnen wird die Prozessqualität vor allem von den folgenden Aspekten bestimmt:

1. Kommunikationsfähigkeit

Alle Teammitglieder bringen unterschiedliche persönliche und berufliche Erfahrungen, unterschiedliche Arten, mit Konflikten umzugehen, unterschiedliche Ausdrucksmöglichkeiten für Gefühle etc. mit. Wie die Teammitglieder miteinander umgehen, inwieweit sie auch bei unterschiedlichen Einstellungen und Erwartungen wertschätzend miteinander sprechen, wirkt sich stark darauf aus, wie gut sie miteinander ziel- und aufgabenorientiert arbeiten können.

2. Kooperationsfähigkeit

Die Teammitglieder wollen zusammenarbeiten. Sie wissen, dass sie das Ziel, das sie sich gesteckt haben, nur gemeinsam erreichen können. Dabei stellt sich die Frage, ob bei den zu vereinbarenden Maßnahmen zur Zielerreichung alle immer einer Meinung sein müssen. In diesem Fall müssten erst alle von einer Idee überzeugt sein, bevor etwas Neues ausprobiert werden kann. Dies würde dazu führen, dass ein Team sich selbst blockiert, weil Einigkeit schwer herstellbar ist (vgl. Klein, 2005).

Kooperationsfähigkeit heißt also auch, die Bereitschaft zu haben, sich auf neue Ideen einzulassen bzw. Teammitglieder Neues ausprobieren zu lassen, auch wenn Einzelne der Idee skeptisch gegenüberstehen. Ohne Praxiserfahrungen können neue Ideen letztlich nicht beurteilt werden.

3. Wille zum Erfolg und Leistungsbereitschaft

‚Der zentrale Auftrag eines Teams ist es, Leistung zu erbringen' (Randow-Barthel, 1998, S. 54). Dies kann zunächst ‚hart' wirken. Wenn die Teammitglieder aber von ihren Zielen und Aufgaben überzeugt sind und bei deren Festlegung beteiligt waren, sind sie auch motiviert, diese zu erreichen. Dabei wissen sie, dass dazu Kooperation notwendig ist.

4. Selbstwertgefühl

‚Die Mitglieder sind stolz auf ihre individuellen wie kollektiven Kompetenzen und können deshalb auch ihre eigenen Grenzen tolerieren' (Pesch, 2007, S. 438). Auf der Grundlage der Kompetenzen der Einzelnen entstehen Stärken (aber auch Schwächen) des Teams als Ganzes, die dieses – dabei die eigene Leistungsfähigkeit anerkennend, aber auch selbstkritisch – reflektieren kann. Dazu gehört auch eine ‚Fehlerkultur'. Ein Team braucht Fehlertoleranz, d. h., Fehler sollten als Möglichkeiten des Lernens angesehen werden. Dazu gehört auch der Mut, Neues auszuprobieren und dabei erst einmal Umwege in Kauf zu nehmen.

5. Anerkennung
‚Damit Teammitglieder gut miteinander arbeiten können, müssen sie sich wohlfühlen' (Randow-Barthel, 1998, S. 57). Die einzelnen Persönlichkeiten innerhalb eines Teams haben unterschiedliche Fähigkeiten, Temperamente, Kommunikationsstile. Ein positives Klima wechselseitiger Wertschätzung ist die Voraussetzung dafür, dass die Einzelnen offen miteinander kommunizieren können und nicht unausgesprochene Vorbehalte die Zusammenarbeit behindern.

6. Konfliktregelung
Offen zu kommunizieren ist vor allem dann schwierig, wenn es um unterschiedliche Einstellungen oder das Aufdecken von Problemen geht. Deshalb muss das Team Konflikte ansprechen und konstruktiv bearbeiten können. Dazu gehört auch, dass nicht bei Dritten geklagt und dadurch die Atmosphäre der Gruppe belastet wird (vgl. Randow-Barthel, 1998, S. 58).

7. Motivation
Die Erfahrungen eines guten Teams, die Ausrichtung auf ein gemeinsames Ziel und eine gemeinsame Aufgabenstellung, die Zusammensetzung der Gruppe und deren Leistungsfähigkeit, die Art der Entscheidungsfindung, die Methoden der Konfliktlösung sowie der Anspruch, sich selbst weiterzuentwickeln und Prozesse zu optimieren, motivieren die Teammitglieder.

8. Lösung der anstehenden Aufgaben
Damit die Anforderungen, die sich aus der komplexen und nur arbeitsteilig zu erfüllenden Aufgabe ergeben, bewältigt werden können, ist es wichtig, dass

- die Rollen und Funktionen der beteiligten Teammitglieder eindeutig beschrieben sind,
- die Arbeiten sachgerecht verteilt und organisiert sind,
- wechselseitige Information gesichert ist,
- Entscheidungsverfahren vereinbart und eingehalten werden,
- Probleme analysiert und bearbeitet werden,
- die eigene Arbeit evaluiert wird, d. h. Arbeitsweisen und -ergebnisse, aber auch „weiche" Faktoren wie Teamkultur und Atmosphäre prozessbezogen überprüft werden (vgl. Pesch, 2007, S. 439).

Strukturqualität
Die Rahmenbedingungen werden durch gesetzliche Vorgaben oder den Träger der Einrichtung bestimmt, aber auch Leitung und Team können darauf Einfluss nehmen. Dazu gehören im Blick auf die Qualität der Teamarbeit:

Klare, verbindliche Zielsetzung
Nur wenn es klare Zielvorstellungen und –vorgaben gibt, können auch alle an einem Strang ziehen. Die Ziele dürfen nicht zu hoch gesteckt werden, weil ihr Nichterreichen Enttäuschung auslöst, genauso wenig dürfen sie aber verschwommen formuliert werden. Jedes Teammitglied sollte die Ziele benennen können, also Antwort auf die Frage geben können: Was wollen wir erreichen (vgl. Randow-Barthel, 1998, S. 55)?

Eine echte Teamaufgabe
Die Rahmenbedingungen sind so gestaltet, dass Zusammenarbeit im Team sowohl erforderlich als auch sinnvoll ist. Die Aufgabe leitet sich von der Zielvereinbarung ab.

Regelmäßige Teamgespräche
‚Das Argument, es stünde gerade nichts Dringendes zur Diskussion an, lässt auf ein sehr eingeschränktes Teamverständnis schließen' (Randow-Barthel, 1998, S. 57). Die Regelmäßigkeit von Teamgesprächen trägt dazu bei, dass Information und Austausch gesichert sind, die Teammitglieder sich besser kennen lernen und es leichter fällt, Konflikte offen anzugehen. Regelmäßige Teamgespräche sollten fester Bestandteil der Dienstzeit bzw. Verfügungszeit sozialpädagogischer Fachkräfte sein."

Quelle: Böcher, Hartmut (Hrsg.): Erziehen, bilden und begleiten, Köln: Bildungsverlag EINS, 2010, S. 565-567

Materialien 2

Wie entsteht ein gutes Gespräch?
„Miteinander reden, wirklich zuhören, ein wirklich gutes Gespräch mit einem anderen Menschen führen – das ist heute zu einer Seltenheit geworden. Viel zu oft sind wir mit uns selbst beschäftigt, wollen nur unsere Gedanken und Sorgen loswerden oder finden im Alltagsstress keine Zeit, dem anderen unser Ohr zu schenken. Dabei wünschen wir es uns sehr, das gute Gespräch.

‚Was gehört für Sie zu einem gelungenen Tag?', lautet eine beliebte Frage von Onlinekontaktbörsen. Häufigste Antwort: ‚Ein gutes Gespräch.' Doch was ist ein gutes Gespräch? (...) Obwohl wir uns nach inspirierenden Gesprächen sehnen, reden wir im Alltag häufig aneinander vorbei. Wir sind oft nur mit uns selbst beschäftigt, veranstalten Wettbewerbe, wer es gerade am schwersten hat, traktieren uns mit Monologen. Erzählen detailliert von belanglosen Begebenheiten, fallen uns ins Wort oder beweisen uns gegenseitig, wie toll wir sind. Wir ‚vergegnen' uns. Dieses Wortspiel hat der Religionsphilosoph Martin Buber geprägt für Gespräche, in denen keine echte Begegnung stattfindet. (...) Martin Buber beschreibt den Dialog als Zwiegespräch, als echte Begegnung von Menschen, ‚die sich einander in Wahrheit zugewandt haben, sich rückhaltlos äußern und vom Scheinenwollen frei sind.' Nur so könne ein Sinnfluss zwischen beiden entstehen. An ein echtes Gespräch stellt Buber hohe Ansprüche. Der Sprechende muss zu seinem Gesprächsgegenüber als Person ja sagen, darauf verzichten, ihn zu beeindrucken und eine ‚lebendige Gegenseitigkeit' anstreben. In unsere Alltagssprache übersetzt bedeutet das: Wertschätzung, Ehrlichkeit und echtes Interesse an unserem Gegenüber sind die Voraussetzungen für ein gelungenes Gespräch. (...) Johannes Hartkemeyer glaubt, dass viele Alltagsgespräche daran scheitern, dass wir uns zu wenig Zeit nehmen und viel zu sehr auf Ergebnisse und Lösungen fixiert sind. (...) Oft verwechseln wir den Dialog mit einem Disput, in dem wir möglichst gut dastehen und unsere Meinung brillant vertreten wollen. Doch wenn wir an unserer Meinung kleben, kann nichts Kreatives entstehen, höchstens ein Schlagabtausch. (...) Die Qualität eines Dialogs wird wesentlich davon bestimmt, mit welchen Annahmen, Bewertungen und Urteilen beide hineingehen. (...) Wenn ein Gespräch lebendig und interessant sein soll, ist es hilfreich die eigenen Bewertungen, Vorurteile und Meinungen über den anderen und das Thema in der Schwebe zu halten, zu suspendieren.

Der amerikanische Führungskräftecoach Marshall Goldsmith empfiehlt seinen Klienten folgende Zuhörregeln: Nicht unterbrechen, nie die Sätze eines anderen beenden, nie sagen „Ich weiß". Sie hören ja zu, da ist es völlig ohne Relevanz, ob Sie irgendetwas bereits wissen, niemals diese drei Wörter gebrauchen: ‚nein', ‚aber' und ‚andererseits'.

Damit es ein Gespräch wird, stellen Sie Fragen. Wer richtig gut zuhört, stellt richtig gute Fragen. Versagen Sie sich als Impulse, den Menschen, dem Sie zuhören, damit beeindrucken zu wollen, wie klug oder humorvoll Sie sind. Würden wir nur einige dieser Regeln einhalten, wären unsere Gespräche lebendiger.

Martina und Johannes Hartkemeyer haben einen Leitfaden erstellt, wie man in Kürze jedes Gespräch garantiert ruiniert: mit Wissen beeindrucken, den anderen keinesfalls ernst nehmen, unpersönlich und abstrakt bleiben, ins Wort fallen, ihn unterbrechen, eine Position vertreten, die uneinnehmbar ist wie ein Fels, den Gegner durch inquisitorische Fragen verunsichern, einen Standpunkt unmissverständlich vertreten, sich abschotten und unangreifbar machen, schnell sein und dem anderen keine Pause gönnen, sich selbst nie infrage stellen.

Michael Ende hat die kreative Kraft des Zuhörens in seinem Buch Momo auf unvergleichliche Weise beschrieben."

„Was die kleine Momo wie kein Zweiter konnte, das war Zuhören. Momo konnte so zuhören, dass dummen Leuten plötzlich sehr gescheite Gedanken kamen. Nicht etwa weil sie etwas sagte oder fragte, was den anderen auf solche Gedanken brachte. Nein, sie saß nur da mit voller Aufmerksamkeit und Anteilnahme. Dabei schaute sie den anderen mit ihren großen, dunklen Augen an. Und der Betreffende fühlte, wie in ihm auf einmal Gedanken auftauchten, von denen er nie gedacht hätte, dass sie in ihm steckten. Sie konnte so zuhören, dass ratlose und unentschlossene Leute auf einmal ganz genau wussten, was sie wollten, oder dass Schüchterne sich plötzlich mutig und frei fühlten. Oder dass Unglückliche und Bedrückte zuversichtlich und froh wurden. So konnte Momo zuhören." (Michael Ende, in: Momo)

Quelle: Schönberger, Birgit: Wie entsteht ein gutes Gespräch? In: Psychologie heute, Oktober 2009, S. 30–35, stark gekürzt

TIPPS zum Weiterlesen

- Kelch, Gabriele/Groot, Wilke, Bernd: Teamkonflikte gemeinsam lösen, Freiburg im Breisgau: Herder Verlag, 2009.

- Tschöpe-Scheffler, Sigrid: Fünf Säulen der Erziehung. Wege zum entwicklungsfördernden Miteinander von Erwachsenen und Kindern, Ostfildern: Matthias-Grünewald-Verlag, 2011.

Literaturverzeichnis

Becker-Stoll, Fabienne: Gute Krippen – Gut für Kinder, abgerufen unter: www.familienhandbuch.de/kindertagesbetreuung/kinderkrippe/was-macht-eine-gute-kindergrippe-aus [16.01.2011]

Berk, Laura: Entwicklungspsychologie, 3. Auflage, München, Pearsons Studium, 2003.

Beswick, Clare/Featherstone, Sally: Aktivitäten für den Entwicklungsbereich „Kommunikationsfreudige Kinder" – Ich höre zu und antworte, Troisdorf: Bildungsverlag EINS, 2007.

Böcher, Hartmut (Hrsg.): Erziehen, bilden und begleiten, Köln: Bildungsverlag EINS, 2010.

Böhm, Dietmar/Dreißen, Stefanie/Eimuth, Kurt-Helmuth/Lambertz, Martina/Müller-Till, Lutz-Walter/Rauner, Ingrid/Berkemeier, Anja/Ribic, Bianca: Kein Kinderkram! Erzieherinnen- und Erzieherausbildung in Lernfeldern, Band 1, Braunschweig: Westermann, 2008.

Cierpka, Manfred/Schick, Andreas: Faustlos. Ein Curriculum zur Förderung sozial-emotionaler Kompetenzen und zur Gewaltprävention für den Kindergarten, Göttingen: Hogrefe, 2004.

Cierpka, Manfred: Faustlos – Wie Kinder Konflikte gewaltfrei lösen lernen, 7. Auflage, Freiburg im Breisgau: Herder, 2009.

Fröhlich-Gildhoff, Klaus: Sie fallen auf und fordern uns heraus – Kinder mit auffälligem Verhalten, in: kindergarten heute, Heft 1/2010, Freiburg im Breisgau: Herder, S. 8–16.

Haug-Schnabel, Gabriele: Aggressionen bei Kindern, Freiburg im Breisgau: Herder, 2009.

Hesse, Hermann: Stufen, abgerufen unter: www.lyrikwelt.de/gedichte/hesseg1.htm [29.01.2011].

Kern-Bechtold, Margret/Eimuth, Kurt-Helmuth/Fischer, Volker/Friedhofen, Andrea/Holler, Gabriele/Hüseman, Anita/Ott, Michael/Berkemeier, Anja/Prof. Dr. Almut Seidel: Kein Kinderkram! Erzieherinnen- und Erzieherausbildung in Lernfeldern, Arbeitsheft 2, Braunschweig: Westermann, 2007.

Klein, Lothar: Aus Erfahrung lernt man erst, wenn man sie gemacht hat. Entwicklungsprozesse in Teams brauchen Erlaubnisse und Reflexion, 2005, in: Kindergartenpädagogik Online-Handbuch, hrsg. v. Martin R. Textor, abgerufen unter: www.kindergartenpaedagogik. de/1390.html [24.07.09].

Lauth, Gerhard/Grünke, Matthias/Brunstein, Joachim: Interventionen bei Lernstörungen, Göttingen: Hogrefe, 2004.

Mannhard, Anja/Scheib, Kristin: Was Erzieherinnen über Sprachstörungen wissen müssen, 2. Auflage, München, Basel: Ernst Reinhardt Verlag, 2007.

Maywald, Jörg/Schön, Bernd (Hrsg.): Krippen: Wie frühe Betreuung gelingt, Weinheim, Basel: Beltz Verlag, 2008.

Michels, Inge: Was macht eine gute Kinderkrippe aus? Interview mit Fabienne Becker-Stoll, abgerufen unter: www.familienhandbuch.de/kindertagesbetreuung/kinderkrippe/was-macht-eine-gute-kinderkrippe-aus [11.03.2011].

Nedwed, Bernadette: Kinder mit Sehschädigungen, Idstein: Schulz-Kirchner Verlag, 2008.

Niesel, Renate/Griebel, Wilfried: Transitionen, Berlin: Cornelson Scriptor, 2004.

Noterdaeme, Michele/Breuer-Schaumann, Angela E.: Lesen und Schreiben – Bausteine des Lebens, Dortmund: Verlag modernes Lernen, 2003.

Pesch, Ludger: Teamentwicklung, in: Handwörterbuch für Erzieherinnen und Erzieher, hrsg. v. Raimund Pousset, Berlin, Düsseldorf, Mannheim: Cornelsen Scriptor, 2007.

Pesch, Ludger/Sommerfeld, Verena: Teamentwicklung. Wie Kindergärten TOP werden, Weinheim, Berlin, Basel, Beltz Verlag, 2002.

Randow-Barthel, Sybille: Teamarbeit. Gemeinsam zum Erfolg, in: Die qualifizierte Leiterin. Erfolgreiches Sozialmanagement in Kindertagesstätten, hrsg. v. Institut für Bildung und Entwicklung im Caritasverband der Erzdiözese München und Freising e.V., München: Don Bosco Verlag, 1998, S. 51-61.

Roth, Xenia: Handbuch Bildungs- und Erziehungspartnerschaft, Freiburg im Breisgau: Herder Verlag, 2010.

Schönberger, Birgit: Wie entsteht ein gutes Gespräch? In: Psychologie heute, Oktober 2009.

Siegler, Robert/DeLoache, Judy/Eisenberg, Nancy: Entwicklungspsychologie im Kindes- und Jugendalter, deutsche Auflage hrsg. v. Sabina Pauen, München: Spektrum, 2005.

Strätz, Rainer/Demandewitz, Helga: Beobachten und Dokumentieren in Tageseinrichtungen für Kinder, Berlin, Cornelsen Verlag Scriptor, 2005.

Utz, Klaus: Verhaltensauffälligkeiten bei Kindern – Symptome, Hinweise, Hilfen, Freiburg im Breisgau: Herder, 2003.

Vollmer, Knut: Das Fachwörterbuch für Erzieherinnen und pädagogische Fachkräfte, aktualisierte Auflage, Freiburg: Verlag Herder, 2008.

Wendlandt, Wolfgang: Sprachstörungen im Kindesalter, Materialien zur Früherkennung und Beratung, Stuttgart: Thieme, 2000.

Werner-Frommelt, Annette: Leselernprozess, Skript für die Zusatzausbildung zum Legasthenie-Therapeuten, München, 2005.

Bildquellenverzeichnis

- Franz Pfluegl/fotolia.com: S. 7, 31
- matka_Wariatka/fotolia.com: S. 8 (oben)
- Martina Berg/fotolia.com: S. 8 (unten)
- creativeHunger/fotolia.com: S. 13
- Jean Kobben/fotolia.com: S. 14, 49
- Steve Lovegrove/fotolia.com: S. 17
- Marzanna Syncerz/fotolia.com: S. 19
- Bildungsverlag Eins, Köln/Christian Schlüter, Essen: S. 23, 33, 34, 50, 54, 55, 91
- Pavel Losevsky/fotolia.com: S. 30
- Lucky Dragon/fotolia.com: S. 35.1
- fauxware/fotolia.com: S. 35.2
- Jens Klingebiel/fotolia.com: S. 35.3
- Doc RaBe/fotolia.com: S. 35.4
- Sandra Brunsch/fotolia.com: S. 35.5
- Foto Zihlmann/fotolia.com: S. 35.6
- digital-fineart/fotolia.com: S. 35.7
- M.R. Swadzba/fotolia.com: S. 35.8
- Bernhard Spieldenner/fotolia.com: S. 35.9
- Vladimir Voronin/fotolia.com: S. 37
- Bildungsverlag Eins, Köln/Nadine Dilly, Oberhausen: S. 45, 80, 92
- pressmaster/fotolia.com: S. 46
- SLDigi/fotolia.com: S. 64
- Gewaltpräventionsprogramm „Faustlos", Heidelberger Präventionszentrum, Heidelberg: S. 65
- Miredi/fotolia.com: S. 69
- contrastwerkstatt/fotolia.com: S. 72 (links)
- ullstein bild - Imagebroker.net: S. 72 (rechts)
- Artyom Yefimov/fotolia.com: S. 78
- Leah-Anne Thompson/fotolia.com: S. 83

Sachwortverzeichnis